## II. Stufe: Für Fortgeschrittnere.

Die Bände dieser Stufe sind in erster Linie **Schulbücher**, die **sich an fortgeschrittnere Schüler der Handels- und Realschulen wenden** und sich streng den Bedürfnissen des Unterrichts anpassen. Den Briefgruppen sind Erläuterungen beigefügt, die über Gesetzgebung, Betriebslehre und die zum Verständnis der Briefe unentbehrlichsten technischen Fragen Aufschluß geben. Besondre Aufmerksamkeit ist der kaufmännischen Terminologie gewidmet, und zwar unter Berücksichtigung des Handels- und des Bürgerlichen Gesetzbuchs, mit deren Ausdrucksweise der Kaufmann vertraut sein muß.

Band I: **Deutsche Handelskorrespondenz für Handels- und Realschulen**
von Professor **Th. de Beaux**, Officier de l'Instruction Publique, Lektor an der Handelshochschule, Oberlehrer a. D. an der Öffentlichen Handelslehranstalt zu Leipzig.
Preis: In Leinwand gebunden M. 3.—

Band II: **Französische Handelskorrespondenz für Handels- und Realschulen**
von Professor **Th. de Beaux**, Officier de l'Instruction Publique, Lektor an der Handelshochschule, Oberlehrer a. D. an der Öffentlichen Handelslehranstalt zu Leipzig.
Preis: In Leinwand gebunden M. 4.80

---

Neben diesem Gesamtwerke existieren noch für solche, die eine **Einführung in das ganze Wesen der Handelskorrespondenz** haben wollen, die entsprechenden

**Bändchen der „Sammlung Göschen"**

die getreu der Tendenz dieses Unternehmens: „eine klare, leichtverständliche und übersichtliche Einführung zu geben", die Wünsche aller derer berücksichtigen, die, im Besitz allgemeiner Vorbildung und der erforderlichen Sprachkenntnisse, die Eigenart der Handelskorrespondenz in der betreffenden Fremdsprache eingehender studieren wollen.

**Deutsche Handelskorrespondenz** von Professor **Th. de Beaux**, Officier de l'Instruction Publique, Lektor an der Handelshochschule, Oberlehrer a. D. an der Öffentlichen Handelslehranstalt zu Leipzig.
In Leinwand gebunden 90 Pfg.

**Französische Handelskorrespondenz** von Prof. **Th. de Beaux**, Officier de l'Instruction Publique, Lektor an der Handelshochschule, Oberlehrer a. D. an der Öffentlichen Handelslehranstalt zu Leipzig.
In Leinwand gebunden 90 Pfg.

**Englische Handelskorrespondenz** von **E. E. Whitfield, M. A.**, Oberlehrer an King Edward VII Grammar School in Kings Lynn.
In Leinwand gebunden 90 Pfg.

de Beaux's Briefsteller für Kaufleute
Erste Stufe Band 2 A

# Französische Handelskorrespondenz für Anfänger

von

**Prof. Th. de Beaux**
Dozent an der Handelshochschule zu Leipzig
Oberlehrer a. D. der Öffentlichen Handelslehranstalt

Sechste Auflage

Ausgabe A. Deutscher Text

Berlin und Leipzig
G. J. Göschen'sche Verlagshandlung G. m. b. H.
1916

Druck
der Spamerschen
Buchdruckerei zu Leipzig

# Vorwort.

## Zur ersten Auflage.

Die fortschreitende Entwicklung der internationalen Handelsbeziehungen zwingt den Kaufmann, sich neben den für seine Branche erforderlichen Fachkenntnissen möglichst umfassende Sprachkenntnisse anzueignen, wenn er den Anforderungen seines Berufs, der keine Landesgrenzen kennt, gerecht werden will.

Ist schon an und für sich die Aufgabe nicht leicht, einen Handelsbrief in fremder Sprache abzufassen, so wird sie für den Anfänger vor allem dadurch noch schwieriger, daß ihm das volle Verständnis für die Tragweite des Briefinhalts fehlt, weil ihm die hierzu erforderliche geschäftliche Erfahrung abgeht. Naturgemäß lenkt er deshalb sein Hauptaugenmerk auf die sprachliche Leistung; der sachliche Inhalt erscheint ihm minder wichtig. In der Praxis aber fallen sprachliche oder stilistische Fehler weniger ins Gewicht und der Schaden, den sie verursachen können, ist geringer, als die Unannehmlichkeiten und Verluste, die dem Kaufmann durch sachliche Irrtümer erwachsen.

An einzelnen aus dem Zusammenhange gerißnen Briefen ist nicht ohne weiteres ersichtlich, ob die darin behandelten Geschäfte sachgemäß erledigt worden sind oder nicht. Denn die Beurteilung eines Geschäftsvorfalls, ohne Kenntnis der einschlägigen Verhältnisse, ist dem Kaufmann ebenso unmöglich, wie dem Richter die Beurteilung eines Rechtsstreits, dessen Akten er nicht kennt.

Durch den Zusammenhang der Briefe wird in erster Linie das Verhältnis beleuchtet, in dem die Korrespondenten zu einander stehen. Höflich muß der Handelsbrief stets sein, aber der Ton, in dem er abgefaßt ist, wird dennoch recht verschieden klingen, je nachdem der Absender um einen Dienst bittet oder eine Beschwerde vorbringt, Ablehnung oder Zustimmung bekundet usw.

Ferner wird durch den Zusammenhang der Briefe das für das Verständnis und für die Erledigung des Geschäfts Wesentliche unwillkürlich hervorgehoben, die Gefährlichkeit nachlässiger oder irrtümlicher Angaben unmittelbar vor Augen geführt, Sinn und Verständnis für die Haupterfordernisse eines guten Handelsbriefs — Klarheit und Kürze — gefördert.

Der pädagogischen Ausgestaltung der vorliegenden kleinen Sammlung hat der Verfasser besondre Aufmerksamkeit gewidmet. Möge das Büchlein dazu beitragen, denen, die es benutzen, ihre Aufgabe zu erleichtern, sie ihrem Ziele schneller zuzuführen!

Leipzig, Ostern 1904.

Th. de Beaux.

## Zur zweiten und dritten Auflage.

Die überaus freundliche Aufnahme, die der ersten Auflage der vorliegenden kleinen Arbeit zuteil geworden ist, machte es mir zur angenehmen Pflicht, bei der Neuauflage den Wünschen und Ratschlägen gerecht zu werden, die mir von meinen Herren Kollegen zugegangen sind und für die ich hiermit verbindlichst danke.

Insbesondre sind verschiedene Übersetzungsaufgaben der ersten Auflage durch Unterlagen ersetzt worden, die größere Selbständigkeit bei der Anfertigung von Brieftexten und deren Übertragung in die Fremdsprache gewähren. Ferner sind die in der Einleitung und in den Aufgaben zerstreuten Vokabeln zu Wörterverzeichnissen vereinigt, auch einige Aufgaben hinzugefügt worden. Für die Umarbeitung sind an Stelle der deutschen Ortsnamen französische Ortsnamen beigefügt.

Leipzig, Ostern 1906 und 1907.

**Th. de Beaux.**

---

## Zur fünften Auflage.

Die fünfte Auflage ist einer eingehenden Durchsicht und teilweisen Neubearbeitung unterworfen worden.

Es wurden neu aufgenommen die Abschnitte über Kreditwürdigkeit, Zahlungsfähigkeit, Mängelrügen und Ablehnung der Warenannahme; wesentlich abgeändert die Abhandlungen über Zahlung und Zahlungsmittel, dem Inhalt entsprechend planmäßig und gruppenweise geordnet das den „Erläuterungen" beigegebene Wörterverzeichnis.

Diese Gruppen können als Unterlage für den Unterricht und zugleich als Lernstoff Verwendung finden. Jede einzelne Gruppe ist alphabetisch geordnet, um das Nachschlagen zu erleichtern.

Mehrfach geäußerten Wünschen entsprechend erscheint gleichzeitig mit dieser fortan als „Ausgabe **A**" bezeichneten Neuauflage in deutscher Sprache eine französische Bearbeitung als „Ausgabe **B**". Diese stimmt mit der Ausgabe A. Seite für Seite und Abschnitt für Abschnitt überein. Sie ist besonders für solche Schüler bestimmt, deren sprachliche Vorbildung genügt, um dem Unterricht in der Fremdsprache zu folgen.

Allen Herren Kollegen, die mich durch Anregungen und Vorschläge bei meiner Arbeit unterstützt haben, oder mir bei Durchsicht der Druckbogen mit Rat und Tat behilflich gewesen sind, sei auch an dieser Stelle verbindlich gedankt.

Leipzig, den 23. Januar 1913.

**Th. de Beaux.**

---

# Inhaltsverzeichnis. Table des matières.

Die Ziffern beziehen sich auf die Seitenzahl.

---

## Erkundigungen und Zahlungsaufforderungen.



## Briefgruppen.

Die vorderen Ziffern beziehen sich auf die Briefnummern, die hinteren auf die Seitenzahl.

## Briefgattungen.

Die Ziffern beziehen sich auf die Briefnummern.



## Formulare.

Die Ziffern beziehen sich auf die Seitenzahl.

# Erläuterungen und Formeln.

## Aufschrift und Bestellung der Postsendungen.

Aufschrift von Postsendungen. Die Aufschrift der der Post anvertrauten Briefumschläge, Kartenbriefe, Postkarten, Ansichtskarten, Drucksachen unter Kreuzband oder im offenen Umschlag, Warenproben und Geschäftspapiere muß deutlich leserlich sein. Um zu verhüten, daß die Sendungen unbestellbar sind, oder daß ihre Aushändigung verzögert wird, muß die Aufschrift den Namen des Empfängers und den Bestimmungsort genau angeben.

Bei Sendungen nach größeren Orten ist erforderlich, den Vornamen des Empfängers sowie die Straße und die Nummer seiner Wohnung beizufügen; bei Sendungen nach Paris, die Nummer des Stadtbezirks, in dem das Postamt liegt. Die Franzosen pflegen die Hausnummer dem Straßennamen voranzustellen und den Ortsnamen darunter zu setzen, zum Beispiel:

| | |
|---|---|
| 26, rue Littré. | 52, rue de l'Hôtel de Ville. |
| Paris (6e). | Lyon. |

Bei Postsendungen nach Orten, die nicht allzu bekannt sind, oder wenn mehrere Postanstalten den gleichen Namen tragen, ist es wesentlich, den Namen des Departements anzugeben, in dem die Postanstalt liegt, zum Beispiel:

Troyes (Aube). Beaune (Côte d'or).

Die Bezeichnung des Handelsgewerbes. Im Deutschen ist das Wort Firma ein allgemeiner Ausdruck, der ebensogut das von einem Einzelkaufmann betriebene Handelsgewerbe bezeichnen kann, wie das von einer offenen Handelsgesellschaft oder von einer Aktiengesellschaft betriebene Gewerbe. In diesem allgemeinen Sinne verwendet, wird das Wort „Firma“ durch „maison (de commerce)“ übersetzt.

Das französische Lehnwort „firme“ ist dem englischen „firm“ nachgebildet und bedeutet gleich diesem „Gesellschaftsfirma“. Für den Franzosen ist das Wort „firme“ ein Fremdwort, es kann nicht als Übersetzung für das deutsche Wort „Firma“ dienen.

Firma muß übersetzt werden durch: 1. nom (de famille) = Einzelfirma; 2. raison sociale (firme) = Gesellschaftsfirma; 3. raison de commerce = Sachfirma; 4. enseigne commerciale = Kaufmannsschild.

1. Die Firma des Einzelkaufmanns. Männer oder Frauen, die das Handelsgewerbe für ihre alleinige Rechnung betreiben, unterzeichnen stets ihren Familiennamen (nom de famille). An Einzelkaufleute gerichtete Briefe tragen also den Familiennamen als Aufschrift; zum Beispiel:

Marke

Monsieur Louis Aubert
12, quai d'Orléans
Dieppe.

Marke

Madame V<sup>ve</sup> Perrin
65, chemin des Chartreux
Marseille.

2. Die Firma der offenen Handelsgesellschaften. Wenn mehrere Personen das Handelsgewerbe für gemeinschaftliche Rechnung betreiben, so genügt es, daß ein Gesellschafter die Gesellschaftsfirma (raison sociale) zeichnet, die entweder die Namen aller Gesellschafter, oder den Namen eines einzelnen mit dem Zusatz „und Kompagnie" (et compagnie) anführt. Die an eine offene Handelsgesellschaft gerichteten Briefe tragen die Gesellschaftsfirma als Aufschrift; z. B.:

Marke

Messieurs Landice et Roche
18, rue Lallier, 18.
Paris (IX$^{e}$ Arr$^{t}$).

Marke

Messieurs Monod & C$^{ie}$.
31, cours Victor Hugo.
Bordeaux (Gironde),

3. Die Firma der Aktiengesellschaften. Aktiengesellschaften werden nicht nach den Namen der Gesellschafter bezeichnet, sie führen keine Gesellschaftsfirma, sondern sie werden nach dem Gegenstande des Unternehmens benannt, sie haben Sachfirma. Die für eine Aktiengesellschaft bestimmten Briefe tragen gewöhnlich nur die Sachfirma als Aufschrift. Mitunter sind sie an den Direktor des Unternehmens gerichtet; z. B.:

Marke

Société générale des
Voitures automobiles

Paris.

Marke

Monsieur le Directeur
de la Société générale des
Voitures automobiles

Paris.

4. Das Kaufmannsschild. Zuweilen werden kaufmännische Unternehmungen durch einen Phantasienamen bezeichnet, besonders dann, wenn mehrere Gesellschaften die gleichen Geschäfte betreiben. Die für ein Unternehmen mit Kaufmannsschild bestimmten Briefe tragen den betreffenden Phantasienamen als Aufschrift. Häufig werden die Briefe an den Direktor gerichtet; z. B.:

Marke

La Métropole Sté Ame
9, rue d'Antin.

Paris.

Marke

Monsieur le Directeur de
La Métropole Sté Ame
9, rue d'Antin.

Paris.

Einschreibsendungen und Wertbriefe. Der Absender kann alle Gegenstände einschreiben lassen, deren Beförderung er der Post anvertraut. Für gewöhnliche Briefe, Postkarten und Nachnahmesendungen beträgt die feste Gebühr, die dem Porto für Beförderung zuzufügen ist, 25 Centimes. Bei Warenproben, Geschäftspapieren, Drucksachen und Zeitungen bis zu 20 Gramm beträgt sie 10 Centimes. Einschreibsendungen und Wertbriefe sind an den Schaltern der Postanstalten einzuliefern. Der Absender läßt die Einlieferung feststellen, indem er sich einen Posteinlieferungsschein dafür aushändigen läßt.

Einschreibebriefe. Eingeschriebene Briefe bedürfen keines besonderen Verschlusses; die Aufschrift ist dieselbe wie für gewöhnliche Briefe; der in Deutschland notwendige Vermerk „Einschreiben" auf dem Briefumschlage ist also nicht erforderlich. Die Einschreibebriefe werden vom Annahmebeamten mit dem Buchstaben R (recommander) abgestempelt; z. B.:

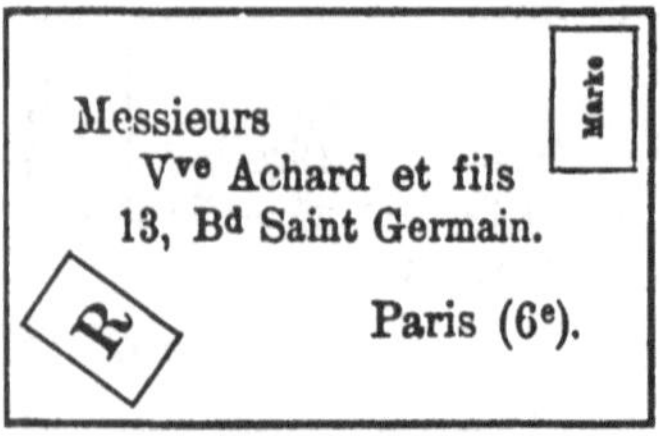


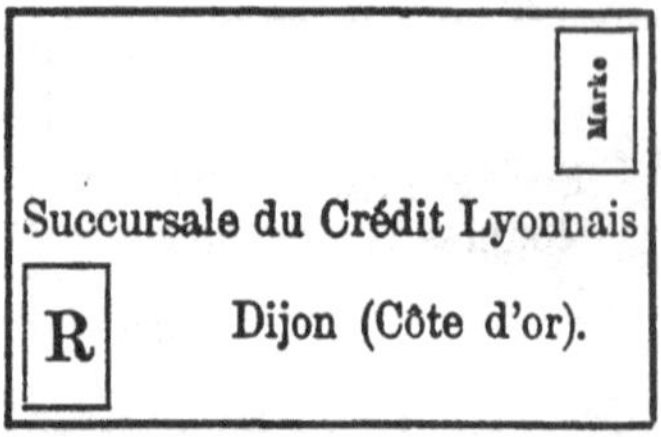


Wertbriefe. Geldbriefe müssen auf der Vorderseite in Buchstaben ausgeschrieben den Betrag der Werte angeben, die sie enthalten. Sie sind unter haltbarem Umschlag, der mindestens zwei in gutem Lack hergestellte Siegelabdrücke trägt, zu versiegeln, um sämtliche Klappen zu fassen. Außer dem Porto für Beförderung sind zu entrichten: eine feste Einschreibgebühr von 25 Centimes und eine Versicherungsgebühr von 10 Centimes für je 500 Franken oder einen Teil von 500 Franken der Wertangabe.

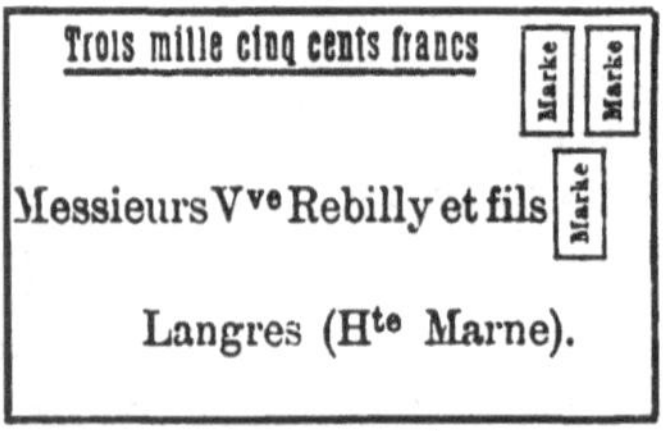


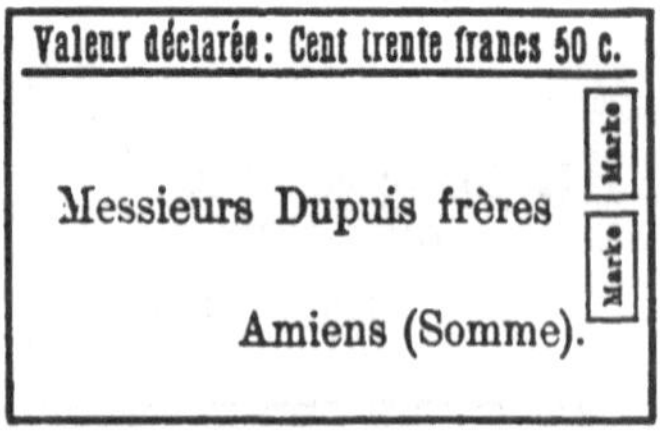


Annahme und Bestellung der Postsendungen in Paris. Außer dem Hauptpostamt, in der rue du Louvre, und einer gewissen Anzahl Hilfspostämter, die bei Kaufleuten untergebracht sind und unter Aufsicht der Postverwaltung stehen, gibt es in Paris 120 Postämter, die nach den Namen der Straßen und nach der Nummer des Stadtbezirks, in dem sie sich befinden, bezeichnet werden. Die 11 ersten der 20 Pariser Stadtbezirke werden vom Hauptpostamt aus bestellt, die neun anderen von dem im Mittelpunkte des betreffenden Stadtbezirks gelegenen Postamt aus. An jedem Werktage finden elf Leerungen der Briefkästen und sieben Bestellungen statt.

Anmerkungen: Wenn die Gesellschaftsfirma aus einer Dame und einem Herrn besteht, so beginnt die Aufschrift mit: „Messieurs“:

Messieurs Vve Florentin et fils.

Die in Deutschland verwendeten Höflichkeitsformeln: Wohlgeboren, Hochwohlgeboren usw., sind in Frankreich nicht üblich und wegzulassen.

Briefe, die an eine Person gerichtet sind, die die gleiche Stadt wie der Absender bewohnt, tragen mitunter statt des Ortsnamens: E. V. (en ville), das heißt „hier".

Bis, das heißt zweimal, ter, das heißt dreimal, werden verwendet, um anzuzeigen, daß dieselbe Hausnummer mehrmals vorkommt: N° 33 bis = Nr. 33 B. N° 58 ter = Nr. 58 C.

Mitunter trägt die Aufschrift noch eine der folgenden Anordnungen: „Wenn verreist nachschicken (nicht nachschicken)". „Zur gefälligen Besorgung an (per Adresse)". „Eigenhändig". „Postlagernd." „Durch Eilboten zu bestellen".

Postvermerke sind: „Annahme verweigert". „Ungenügend frankiert."

## Übungsaufgaben.

I. Anfertigung folgender Briefaufschriften:

a) Paul Frossard, Paris, Bezirk IX<sup>e</sup>; rue Lallier No. 22.
b) Humbert et C<sup>ie</sup>, Reims, Marne; rue Cérès No. 50.
c) V<sup>ve</sup> Leroux et fils, Marseille; rue Jaubert No. 12.
d) Crédit Lyonnais, Bordeaux, Gironde; cours Saint Jean No. 66.
e) Crédit du Nord, Lille, Nord; rue d'Arcole No. 1.
f) Messageries Nationales, S<sup>té</sup> A<sup>me</sup>, (société anonyme) Paris; Bezirk XIII<sup>e</sup>; rue Vignon No. 37.

## Der kaufmännische Schriftwechsel.

Wichtigkeit der schriftlichen Mitteilungen. Der Brief dient in Handelssachen als Beweismittel. Der Kaufmann hat demnach alle Veranlassung, mündlich eingegangene Verpflichtungen schriftlich festzulegen, telephonisch oder telegraphisch getroffene Vereinbarungen brieflich zu bestätigen.

Der Handelsbrief muß gut leserlich und in klarer, bündiger Ausdrucksweise abgefaßt sein. Durchstreichen, Überschreiben, Ausradieren, Randbemerkungen, Tintenflecke usw. sind zu vermeiden.

Mit Kopiertinte geschriebene Briefe werden im Kopierbuche oder auf losen Blättern kopiert. Mit der Maschine hergestellte Briefe werden abgedruckt, indem man Kohlepapier zwischen die Briefbogen legt; dieses Verfahren gestattet, gleichzeitig mehrere Abdrücke zu nehmen.

Briefe, Mitteilungen, Briefformulare, Rundschreiben. Für seine Geschäftsbriefe verwendet der Kaufmann einfache oder doppelte Briefbogen in großem Quartformat mit Querlinien oder mit gekreuzten Linien. Für kurze Mitteilungen benutzt er Postkarten oder einfache Oktavblätter, „Mitteilungen" genannt. Für laufende und häufig unter gleichen Bedingungen wiederkehrende Vorfälle haben große Handelsfirmen in kopierfähigem Druck hergestellte Formulare, die weiß durchschossen sind und Vordrucke oder Passepartout heißen. Die weißen Stellen darin sind für die schriftlichen Mitteilungen bestimmt.

Für Marktberichte, Angebote, Mahnungen und für Benachrichtigungen über Gründung oder Auflösung einer Firma, über Ankauf oder Verkauf eines Geschäfts, über Eintritt, Austritt oder Ableben eines Gesellschafters, über Erteilung oder Widerruf der Prokura bedient man sich gedruckter Rundschreiben.

**Der Briefkopf.** An der oberen oder auch an der linken Seite des Briefbogens ist die Firma des Absenders [1]) gedruckt. Häufig enthält der Briefkopf außerdem noch Angaben über: die Art des Geschäfts [2]), das Gründungsjahr [3]), die Zweigniederlassungen [4]), Medaillen und Auszeichnungen [5]), Telegrammadresse [6]), Fernsprechnummer [7]) usw.

Céramiques françaises [2])

MEUNIER & C^IE [1])

46, rue Martel, PARIS (X^e Arr^t).

Maison fondée en 1844 [3]).

**Succursales à Marseille et à Bordeaux [4]).**

Lyon 1891: Médaille d'argent. — Bordeaux 1892: Médaille d'or [5]).
Paris 1900, Exposition Universelle: Grand Prix.

Adresse télégraphique: Cérameun, Paris [6]). Téléphone: 53-22 [7]).

**Telegrammadressen.** Nach Vereinbarung mit der Bestimmungstelegraphenanstalt und gegen Entrichtung einer Sondergebühr kann sich der Empfänger seine Depeschen und Kabeltelegramme unter vereinbarter, abgekürzter Aufschrift zugehen lassen. Die vereinbarte Adresse muß mindestens zwei Worte enthalten. Das erste Wort vertritt die Stelle des Namens und der Wohnnng des Empfängers, das zweite bezeichnet die Telegraphenanstalt. Im obenstehenden Briefkopfe ersetzt das vereinbarte Wort: „Cérameun" die zehn Worte: „Céramiques françaises, Meunier et compagnie, 46, rue Martel, dixième arrondissement."

**Rohrpostverkehr.** Innerhalb des Pariser Festungsgürtels ist eine besondere Depeschenbeförderung durch unter Luftdruck stehende Röhren, Rohrpostverkehr, im Betrieb. Die für den Rohrpostverkehr dienenden, frankierten Formulare: Rohrpostkarten und Rohrpostbriefumschläge, mit denen diese Depeschen zu befördern sind, stehen bei den Post- und Telegraphenschaltern und in den Tabakläden zur öffentlichen Verfügung.

Fernsprechanschlüsse. Teilnehmer am Sprechverkehr geben am Briefkopfe ihre Anschlußnummer bekannt: „Téléphone 53—22“. (Fernsprecher 53—22.) Der Trennungsstrich zwischen 53—22 soll daran erinnern, in welcher Weise der Anschluß zu verlangen ist: „cinquante trois — vingt deux“ und nicht: „cinq mille trois cent vingt deux“.

Das Briefdatum. Auf der rechten Seite des Briefbogens ist der Wohnsitz des Absenders mit nachfolgendem Artikel vorgedruckt:

Roubaix, le ..... 19 ..

Der Briefschreiber braucht also nur Tag und Namen des Monats anzugeben und die Jahreszahl zu vervollständigen.

Für den Ausfertigungstag verwendet der Franzose die Grundzahl, dementsprechend ist der Punkt, der im Deutschen hinter dem Datum steht, wegzulassen:

Paris, le 12 Janvier (janvier) 19 ..

Nur der erste Tag des Monats macht Ausnahme von dieser Regel, man bezeichnet ihn durch die Ordnungszahl: premier (gekürzt: 1^er nicht 1.):

Lyon, le 1^er avril (Avril) 19 ..

Die Monatsnamen werden entweder mit großen oder mit kleinen Anfangsbuchstaben geschrieben.

Die Überschrift im Briefe. Die Adresse des Empfängers im Briefe hat dieselbe Form wie die Aufschrift auf dem Umschlage. Gewöhnlich läßt man die in der Aufschrift enthaltenen Angaben der Straße und Hausnummer weg, wofern sie nicht notwendig sind, um Mißverständnisse zu verhüten. Als Überschrift genügt:

Monsieur Louis Aubert, Havre.

Messieurs Monod et C^ie, Bordeaux.

Sind die Briefe an den Inhaber der Firma gerichtet, so genügen Name und Wohnsitz der Empfänger als Überschrift. Sind die Briefe an Aktiengesellschaften gerichtet, so genügt die Sachfirma zwar als Aufschrift auf dem Briefumschlag, aber nicht als Überschrift im Briefe. Es ist üblich, sich an den Direktor der Gesellschaft oder an deren Vertreter zu wenden, nachdem man die Handelsfirma angegeben hat; z. B.:

Société Générale des Voitures Electromobiles, Paris.

Monsieur le Directeur,

Succursale du Crédit Lyonnais, Dijon.

Messieurs,

Die auf besonderer Zeile vorangestellten Worte: „Monsieur le Directeur," „Messieurs," sind mit Komma und nicht, wie im Deutschen, mit Ausrufezeichen zu versehen. Der Absender verwendet diese Anrede, um den Empfängern eine besondere Ehrerbietung zu bezeugen.

**Die Zeichnung der Firma.** Grundsätzlich sind Briefe und Urkunden von den Inhabern der Firma und bei den Aktiengesellschaften von den Direktoren zu unterzeichnen.

In großen Geschäftshäusern erteilt der Vorgesetzte einem oder mehreren seiner zuverlässigsten Angestellten Vollmacht, die Firma an seiner Stelle zu zeichnen.

Die Vollmacht kann sich auf alle Handelsgeschäfte der Firma erstrecken, sie heißt dann: „Prokura", und ihr Inhaber: „Prokurist".

Wird der Brief vom Prokuristen unterzeichnet, so muß er der Firma seinen Namen mit dem Zusatz: „par procuration (pp.; p. p$^{on}$; P. P$^{on}$)" beifügen; z. B.:

Loiselet et C$^{ie}$
p. p$^{on}$ Leblond.

P. P$^{on}$ Ernest Berger.
Adam.

Die Vollmacht kann auf bestimmte Handelsgeschäfte beschränkt sein, sie heißt dann: „Handlungsvollmacht" und ihr Inhaber: „Handlungsbevollmächtigter".

Wird die Firma von einem Handlungsbevollmächtigten gezeichnet, so wird ihr dessen Name mit dem Zusatz: „par procuration spéciale (P. P$^{on}$ spéciale)" oder „pour" (p., P.) beigefügt, z. B.:

Louis Laroche & C$^{ie}$.
P. P$^{on}$ spéciale
Loiseau.

P. Paul Martin.
Borel.

II. **Folgende Unterschriften sind zu vollziehen durch:**

a) den Prokuristen Renard; b) den Handlungsbevollmächtigten Anson.

1. Edouard Manière.
2. V$^{ve}$ E. Legros.
3. Moynet & C$^{ie}$.
4. O. Cabaret et C$^{ie}$.
5. Odiot Frères et C$^{ie}$.
6. Boulade Père & Fils.
7. Société Anonyme des Verreries de la Gare.
8. Société Industrielle des Téléphones.

**Ordnung eingegangener Briefe.** Sobald die Post eingegangen ist, wird sie vom Geschäftsinhaber oder vom Prokuristen gelesen. Die Briefe werden mit dem Datum des Eingangs und der Beantwortung, mit der Nummer des Eintragungsvermerkes und mit den erforderlichen Randbemerkungen für die Beantwortung versehen.

Wenn es sich um wichtige Geschäfte handelt, so werden die Randbemerkungen durch mündliche Anweisung oder durch stenographisches Diktat ersetzt. Nachdem die Briefe beantwortet sind, werden sie in Sammelmappen abgelegt, in denen sie entweder der Buchstabenfolge nach geordnet oder nach Geschäftsfirmen getrennt aufbewahrt werden.

Anordnung des Briefinhalts. Um dem Empfänger das Lesen des Briefes zu erleichtern, trennt der Briefschreiber, welcher in demselben Schriftstück mehrere Geschäfte behandelt, den Inhalt in einzelne Abschnitte. Sobald ein Gegenstand erschöpft ist, beginnt er den neuen Abschnitt mit einer neuen, gegen die vorangehenden etwas eingerückten Zeile. Abkürzungen einzelner Wörter sind in Frankreich wenig üblich.

Ist der Brief fertig, so wird er dem Prinzipal oder dem Prokuristen zur Unterschrift vorgelegt, dann kopiert, mit Umschlag versehen und abgeschickt.

Um das Kopierbuch leicht nachschlagen zu können, verzeichnet man auf jedem Blatte die Nummern derjenigen Seiten, auf denen sich der vorangehende und der nächstfolgende Brief desselben Geschäftsfreunds befinden.

Häufig gebrauchte Briefformeln. Wenn es sich um Mitteilungen handelt, die im Briefwechsel häufig wiederkehren, so verwendet der Kaufmann bestimmte herkömmliche Formeln, die sich dem besonderen Falle leicht anpassen lassen.

Solcher Formeln bedient man sich zur Bestätigung eingegangener oder abgegangener Briefe, für Auftragsgesuche, Ausführungs- und Versandanzeigen, bei Begleichung von Rechnungen, Bitten um Verbuchung, Begrüßungen usw.

Hinweis auf den vorangehenden Brief. Der Kaufmann, der mit dem Adressaten bereits in Geschäftsverbindung steht, wird nicht unterlassen, auf den letzten seinem Schreiben vorangehenden Brief hinzuweisen. Diese Vorsicht ist geboten, zunächst um festzustellen, daß kein Brief verloren gegangen ist, vor allem aber, um späteres Nachschlagen des Briefwechsels zu erleichtern.

Im Deutschen dient dasselbe Zeitwort „bestätigen" als Hinweis sowohl für eingegangene als auch für abgesandte Briefe. Im Französischen erfolgt der Hinweis auf empfangene Briefe durch ein anderes Zeitwort als der Hinweis auf abgeschickte Briefe. Wenn es sich um die Übersetzung des Wortes „bestätigen" handelt, so muß also zunächst festgestellt werden, ob von Briefeingängen oder von Briefausgängen die Rede ist.

## Eingangsbestätigungsformeln.

Der Eingang der Briefe wird durch folgende Ausdrücke bestätigt: den Empfang bescheinigen accuser réception; empfangen haben avoir reçu; gerne bestätigen avoir bien reçu; im Besitz sein être en possession; besitzen posséder; (in Händen) haben avoir; auf, im Anschluß an en réponse à, comme suite à; in Übereinstimmung mit conformément à, en conformité de.

Der Franzose betont regelmäßig die Beziehung, die zwischen der Empfangsbestätigung und dem Briefempfänger besteht, indem er sagt:

Je vous accuse réception, nicht J'accuse réception.

### Eingangsbestätigungsformeln:

| | |
|---|---|
| 1. Wir bekennen uns zum Empfange Ihres Briefes vom 10. ds. Mts. | 1. Nous vous accusons réception de votre lettre du 10 courant. |
| 2. Ich habe Ihr Schreiben vom 1. ds. Mts. rechtzeitig empfangen. | 2. J'ai reçu en son temps votre honorée du 1er courant (de ce mois). |
| 3. Wir sind im Besitze Ihrer gestrigen Zuschrift. | 3. Nous sommes en possession de votre lettre d'hier. |
| 4. Ich besitze Ihr Schreiben vom 20. Januar d. J. | 4. Je possède votre lettre du 20 janvier dernier. |
| 5. Im Anschluß an Ihre Zuschrift vom 12. November d. J. sende ich Ihnen... | 5. En réponse à votre lettre du 12 novembre dernier, je vous envoie... |
| 6. In Übereinstimmung mit Ihrem gestrigen Brief empfingen wir... | 6. Conformément à (en conformité de) votre lettre d'hier, nous avons reçu... |

### III. Anfertigung folgender Eingangsbestätigungen:

Die Firma Jules Bouvier in Grenoble (Isère) bestätigt die ihr von Alphonse Meunier in Paris zugegangenen Sendungen:

a) eine Postkarte vom 1. des Monats (courant);
b) einen Brief vom 2. Juli d. J. (dernier);
c) eine Preisliste vom 3. August d. J. (dernier);
d) einen Auftrag vom 31. vorigen Monats (du mois passé);
e) eine Bestellung vom gleichen Tage (de ce jour);
f) eine Depesche vom gleichen Vormittage (de ce matin).

## Ausgangsbestätigungsformeln.

Der Ausgang der Briefe wird bestätigt, wenn der Kaufmann an einen Geschäftsfreund schreibt, bevor dieser seinen letzten Brief beantwortet hat; er verweist in solchen Fällen auf sein eigenes letztes Schreiben.

Die Ausgangsbestätigung erfolgt durch confirmer bestätigen, bekräftigen, wenn der Inhalt des Briefes bekräftigt wird; durch se référer à sich beziehen auf, Bezug nehmen auf, wenn der Inhalt abgeändert oder widerrufen wird.

Die persönliche Beziehung der Ausgangsbestätigung zum Briefempfänger wird bei confirmer stets hervorgehoben, man sagt:

Je vous confirme, nicht Je confirme.

„Kreuzen" ist durch croiser, „sich kreuzen mit" durch se croiser avec zu geben.

### Ausgangsbestätigungsformeln:

| | |
|---|---|
| 1. Wir bestätigen unsere gestrige Zuschrift. | 1. Nous vous confirmons notre lettre d'hier. |
| 2. Ich bestätige mein heutiges Schreiben. | 2. Je vous confirme ma lettre de ce jour. |
| 3. Wir bestätigen unser Telephongespräch vom heutigen Tage. | 3. Nous vous confirmons notre conversation téléphonique de ce jour. |
| 4. Ich bestätige meine gestrige Depesche. | 4. Je vous confirme mon télégramme d'hier. |
| 5. Wir beziehen uns auf unsere Postkarte vom 1. ds. Mts. | 5. Nous nous référons à notre carte postale du 1er courant. |
| 6. Ihr gestriges Schreiben hat sich mit dem unserigen vom gleichen Tage gekreuzt. | 6. Votre lettre d'hier s'est croisée avec (a croisé) la nôtre du même jour (de même date). |

### IV. Anfertigung folgender Ausgangsbestätigungen:

Die Firma Bouvier et Cie in Lyon bestätigt folgende Sendungen, die an Charpentier et Leroux in Marseille abgegangen sind:

a) eine Postkarte vom 1. Oktober d. J. (dernier);
b) einen Brief vom 2. dieses Monats (courant);
c) eine Preisliste vom 3. Dezember d. J. (dernier);
d) eine Mustersammlung vom 4. des Monats (courant);
e) eine telephonische Unterhaltung vom gleichen Tage (de ce jour);
f) eine gestrige Depesche (d'hier).

## Einleitungsformeln.

Handelt es sich darum, neue Geschäftsverbindungen anzubahnen, seine Dienste anzubieten oder Erkundigungen einzuziehen, so muß sich der Kaufmann oft an Firmen wenden, mit denen er nicht im Briefwechsel steht.

Er beginnt dann seinen Brief mit einer höflichen, der Sache, die er vorzutragen hat, entsprechenden Wendung, die geeignet ist, seinen Leser günstig zu stimmen und dessen wohlwollende Aufmerksamkeit zu erwecken.

Derartige höfliche Wendungen sind: avoir l'honneur sich beehren; avoir l'avantage in der angenehmen Lage sein; avoir le plaisir sich freuen; avoir le régret bedauern (leider); prendre la liberté sich gestatten, sich die Freiheit nehmen; se permettre sich erlauben; s'empresser de sich beeilen, in dem Sinne von: gern, mit Vergnügen.

### Höfliche Einleitungsformeln:

| | |
|---|---|
| 1. Wir beehren uns, Ihnen mitzuteilen, daß... | 1. Nous avons l'honneur de vous informer que... |
| 2. Es freut mich, Ihnen anzeigen zu können, daß... | 2. J'ai le plaisir de vous annoncer que... |
| 3. Wir nehmen uns die Freiheit, bei Ihnen anzufragen, ob... | 3. Nous prenons la liberté de vous demander si... |
| 4. Gestatten Sie mir, Sie um einen Dienst zu bitten. | 4. Permettez moi de vous demander un service. |
| 5. Wir beeilen uns, Sie davon zu benachrichtigen, daß... | 5. Nous nous empressons de vous prévenir que... |
| 6. Leider muß ich Sie davon in Kenntnis setzen, daß... | 6. J'ai le regret de porter à votre connaissance que... |

### V. Anfertigung folgender Einleitungsformeln:

Die Firma Rivière Frères in Bordeaux richtet an die Firma Antoine Lefort in Montpellier (Hérault) folgende Mitteilungen:

a) eine Anmeldung ihres Reisenden,
b) eine Bitte um Auskunft über eine Firma,
c) eine Bitte um eine Gefälligkeit,
d) eine Geschäftseröffnungsanzeige,
e) eine Zahlungseinstellungsanzeige,
f) ein Einführungs- und Empfehlungsschreiben.

## Grußformeln am Briefschluß.

Der französische Kaufmann schließt seine Briefe stets mit einem kurzen Satz, den er je nach dem Grade der Ehrerbietung, die er dem Geschäftsfreund bezeugen will, länger oder kürzer faßt.

Die deutschen Redewendungen: „Achtungsvoll, Hochachtungsvoll, In (vorzüglicher, größter) Hochachtung“ müssen also durch einen der folgenden Sätze ersetzt werden: „Agréez, Monsieur, mes salutations; Recevez, Messieurs, mes civilités; Je vous présente, Madame, l'assurance de ma considération.“ Diese Formeln werden durch Beifügung der Eigenschaftswörter: „empressé, distingué, sincère“, denen noch die Umstandswörter: „très, bien, le plus“ zugesellt werden können, sehr mannigfaltig gestaltet.

**Zu beachten:** Bei höflicher Verabschiedung ist stets unmittelbar **hinter** den Zeitwörtern: agréer, recevoir, présenter die Anrede: Monsieur, Messieurs, Madame, einzuschalten.

Die deutschen Wendungen: Ich zeichne... Wir zeichnen... sind im Französischen nicht üblich; sie bleiben unübersetzt.

Das Zeitwort „saluer“ wird in **Handelsbriefen** nicht verwendet; es wirkt sogar verletzend, da die Schuldeinziehungsanstalten sich gern dieser Formel am Schluß ihrer Mahnbriefe bedienen.

### Grußformeln am Briefschluß.

| | |
|---|---|
| 1. Achtungsvoll (hochachtungsvoll, hochachtungsvoll ergebenst) | 1. Recevez (agréez), Monsieur, mes (nos) salutations (civilités) sincères. |
| 2. Ich empfehle mich Ihnen hochachtungsvoll | 2. Agréez, Monsieur, mes salutations empressées. |
| 3. Wir zeichnen (begrüßen Sie) mit (in) bekannter Hochachtung | 3. Nous vous présentons, Messieurs, nos civilités très empressées. |
| 4. Ich empfehle mich Ihnen bestens und zeichne hochachtungsvoll | 4. Je vous prie d'agréer, Madame, mes salutations bien distinguées. |
| 5. Unter Versicherung unserer besonderen Hochachtung zeichnen wir | 5. Nous vous présentons, Monsieur, l'assurance de notre considération distinguée. |
| 6. Ich empfehle mich Ihnen mit vorzüglicher Hochachtung ganz ergebenst | 6. Veuillez agréer, Messieurs, l'assurance de mes sentiments les plus distingués. |

| | |
|---|---|
| 7. Wir zeichnen mit dem Ausdruck größter Hochachtung ganz ergeben | 7. Nous vous prions d'agréer, Madame, nos civilités les plus empressées. |
| 8. Ich verharre mit dem Ausdruck vorzüglichster Hochachtung ganz ergebenst | 8. Je vous prie d'agréer, Monsieur le Directeur, l'assurance de ma considération la plus distinguée. |

VI. Anfertigung folgender Verabschiedungsformeln:

1. Absender: a) François Rousseau, Dijon;
   b) Vaubert & C^ie^, Marseille.
2. Adressaten: a) Thérion & Fils, Toulon;
   b) Louis Fontaine, Bordeaux.

Die Formeln sind einzuleiten mit: a) présenter; b) prier d'agréer; c) agréez, recevez.

## Zustimmungsformeln.

Um sein Einverständnis mit den Mitteilungen, die er erhalten hat, auszusprechen, ohne auf Einzelheiten einzugehen, bedient sich der Kaufmann folgender Wendungen:

prendre note, prendre bonne note (noter) bemerken, vormerken, Vormerkung nehmen, notieren; prendre connaissance Kenntnis nehmen; être d'accord einverstanden sein.

### Zustimmungsformeln.

| | |
|---|---|
| 1. Wir merkten uns den Inhalt Ihres gestrigen Schreibens vor. | 1. Nous avons pris note du contenu de votre lettre d'hier. |
| 2. Den Inhalt Ihrer heutigen Postkarte habe ich bestens vorgemerkt. | 2. J'ai pris note (bonne note) de votre carte postale de ce jour (d'aujour d'hui). |
| 3. Wir haben Ihre telephonische Mitteilung von heute morgen notiert. | 3. Nous avons pris note de (noté) votre communication téléphonique de ce matin. |
| 4. Von Ihrer heutigen Depesche ist bestens Vormerkung genommen worden. | 4. Bonne note a été prise (j'ai pris note) de votre dépêche de ce jour. |
| 5. Ich habe von Ihren Bankbedingungen Kenntnis genommen. | 5. J'ai pris connaissance de vos conditions de banque. |
| 6. Wir nahmen Vormerkung von der angemeldeten Entnahme. | 6. Nous avons pris bonne note de la traite annoncée. |

VII. Anfertigung folgender Zustimmungserklärungen.

Die Firmen 1) Henri Roland, Lyon; 2) Belin & Périer, Paris, erklären der Firma Ch[les] Dubois, Dieppe, ihr Einverständnis mit:

a) einer Postkarte vom 10. August d. J. (dernier);
b) einem Briefe vom gestrigen Tage;
c) einer telephonischen Mitteilung vom Vormittag;
d) einer Depesche vom 15. des Monats;
e) einem dem Reisenden erteilten Auftrag;
f) einer in Aussicht gestellten Tratte.

## Bitten um Warenangebote.

Der deutsche Kaufmann, der sich Waren anschaffen will, fordert den Lieferanten auf, ihm Angebot, Anerbieten, Gebot, Offerte zu machen. Der französische Kaufmann bedient sich dieser Wendung nicht, sondern erkundigt sich nach dem Preis der Waren und den Lieferungsbedingungen oder bittet um Zusendung von Preislisten und Warenproben.

### Bitte um Anstellung von Waren.

| | |
|---|---|
| 1. Wir ersuchen Sie, uns billigste Anstellung zu machen für ... | 1. Veuillez nous indiquer votre dernier prix pour ... |
| 2. Wie liefern Sie ...? Ich sehe Ihrer billigsten Anstellung postwendend entgegen. | 2. Quel serait votre plus juste prix pour ...? J'attends votre offre par le retour du courrier. |
| 3. Wir erbitten uns umgehend Ihre niedrigste Preisanstellung für die unten verzeichneten Waren. | 3. Veuillez nous coter, courrier pour courrier, votre tout dernier prix pour les marchandises indiquées ci dessous. |
| 4. Ich bitte um Zusendung Ihrer letzten Preisliste nebst Mustern (Proben). | 4. Je vous prie de m'adresser votre dernier prix courant avec échantillons. |
| 5. Wann und zu welchen Bedingungen könnten Sie uns einen größeren Posten ... liefern? | 5. Quelles seraient vos conditions les plus favorables et l'époque de livraison pour un lot considérable de ...? |
| 6. Zu welchen Vorzugspreisen würden Sie mir ... bei Abnahme von mindestens ... liefern. | 6. Quels prix les plus avantageux me feriez vous pour ..., livrables par quantités d'au moins ...? |

### VIII. Anfertigung folgender Bitten um Preisanstellung.

Die Firmen: 1) Léon Maréchal, Dieppe; 2) Dumartin & C[ie], Lille, ersuchen die Société Cotonnière in Reims, Direktor Lafitte um:

a) Zusendung der letzten Preisliste;
b) Angabe des äußersten Preises für...
c) Zusendung der Preisliste mit Mustern;
d) Angabe der günstigsten Lieferungsbedingungen für...
e) Angabe der kürzesten Lieferungsfrist für...
f) Angabe der Preise und Lieferungsbedingungen für...

## Angebote, Anerbieten, Anträge, Offerten.

Der Kaufmann muß oft seine Dienste anbieten, sei es um neue Geschäftsverbindungen anzubahnen, sei es um sich bei seinen Kunden in empfehlende Erinnerung zu bringen; sei es um seine Geschäftsfreunde auf günstige Kaufgelegenheiten aufmerksam zu machen.

Wendet er sich dabei an unbekannte Firmen, so beruft er sich gern auf Kunden, die er für geeignet hält, günstig über ihn zu berichten. Gibt er sein Angebot auf vorangegangene Aufforderung hin ab, so wird er dieser Aufforderung Erwähnung tun.

### Kaufangebote.

| | |
|---|---|
| 1. In Erledigung Ihrer gestrigen Anfrage machen wir Ihnen Angebot für... | 1. En réponse à votre lettre d'hier, nous nous empressons de vous offrir... |
| 2. In Beantwortung Ihrer heutigen Postkarte stelle ich Ihnen die gewünschten Stoffe an: | 2. En réponse à votre carte postale de ce jour, je vous offre les étoffes demandées à.. |
| 3. Wir erlauben uns, Ihnen unsere neueste Preisliste zu übersenden. | 3. Nous nous permettons de vous adresser notre dernier tarif (prix courant). |
| 4. Ich erlaube mir, Ihnen mit gleicher Post einige Muster meiner... einzusenden. | 4. Je prends la liberté de vous adresser, par ce courrier, quelques échantillons de mes... |
| 5. Gestatten Sie mir, Ihre Aufmerksamkeit auf die untenstehend näher bezeichneten Artikel zu lenken, die wir Ihnen zu außerordentlich billigen Preisen anstellen können. | 5. Permettez nous d'appeler votre attention sur les articles désignés ci dessous, que nous pouvons vous offrir à des prix exceptionnels (excessivement bon marché). |

6. Auf Empfehlung von Herrn Berger erlaube ich mir, Ihnen die folgenden Waren anzustellen...

6. Sous les auspices de Monsieur Berger, j'ai l'avantage de vous offrir les articles suivants...

## IX. Anfertigung folgender Kaufangebote.

Die Aktiengesellschaft Société Cotonnière in Reims, Direktor Lafitte, antwortet auf die Anfrage der Firmen: 1) Léon Maréchal, Dieppe; 2) Dumartin & Cie, Lille, durch:

a) Übersendung der letzten Preisliste,
b) Angabe des äußersten Preises für...
c) Zusendung der Preisliste mit Mustern,
d) Zusendung der Musterkarte,
e) Angabe der kürzesten Lieferzeit für...
f) Angabe der Preise und Lieferungsbedingungen für...

## Aufträge, Bestellungen, Orders.

Der Auftrag wird durch Brief, durch Postkarte, durch Bestellschein, telegraphisch, telephonisch oder mündlich erteilt. Telegraphisch, telephonisch oder mündlich gegebene Aufträge werden schriftlich bestätigt.

Schriftliche Aufträge werden auf Blättern oder auf Formularen erteilt, auf denen der Name des Auftraggebers vorgedruckt ist. Der Auftrag enthält: den Namen und die Adresse des Lieferanten, den Tag der Bestellung, den Tag der Lieferung, die Bezeichnung, die Menge, die Beschaffenheit und den Preis jedes Artikels. Außerdem enthält er häufig Vorschriften über Art und Weise der Verpackung und Beförderung, über Zahlungsbedingungen, Skontosätze usw.

Die Bestellscheine tragen eine laufende Nummer. Diese bezieht sich auf ein besonderes Buch, in dem die Aufträge vermerkt werden. Zuweilen haben sie Gegenscheine, die dem Besteller als zweite Ausfertigung verbleiben.

### Bestellungsformeln.

1. Wir bitten uns sofort als Frachtgut senden zu wollen:
2. Senden Sie mir in kürzester Frist (sobald wie irgend möglich), als Postpaket...

1. Veuillez nous envoyer, au plus tôt, en petite vitesse:
2. Je vous prie de m'adresser, dans le plus bref délai, par colis postal,...

3. Als Eilgut wollen sie gefl. an uns abgehen lassen...

4. Schicken Sie mir gefl. als Probe die auf beiliegendem Bestellzettel Nr. 461 verzeichneten Waren.

5. Wir bestätigen unseren heutigen Telegrammauftrag: „Schickt 2332 franko 475".

3. Nous vous prions de nous expédier, en grande vitesse,...

4. Prière de m'adresser, à titre d'essai, les articles spécifiés sur le bon de commission N° 461 ci joint.

5. Nous vous confirmons notre ordre télégraphique: «Envoyez 2332 franco 475».

6. Bestellschein.

Auftrag Nr.... Berlin, den..........

Paul Berger & Co.
Brüderstraße C. 2.

Bestellung für: (Name des Lieferanten)..........
Wohnort:..........
Zu liefern:..........
Zahlbar:..........

| Menge: | Bezeichnung der Waren: | Preis: | |
|---|---|---|---|
| | | | |

6. Bon de commission.

C^on N°... Paris, le..........

Paul Berger & C^ie
2, rue Soufflot (5^e Arr^t)

Commis à (nom du fournisseur)..........
Adresse:..........
livrable le..........
payable..........

| Quantité: | Désignation des articles: | Prix: | |
|---|---|---|---|
| | | | |

## X. Anfertigung folgender Bestellungen.

Die Firmen: 1) Louis Renault, Elbeuf; 2) Suchet & C^ie, Amiens, senden der Firma Mélot & Renard, Lyon, einen Auftrag und schreiben ihr vor:

a) Sofortige Zusendung gegen Nachnahme (contre remboursement);
b) Zusendung als Frachtgut (en petite vitesse);
c) Sofortige Zusendung als Halbeilgut (en moyenne vitesse);
d) Schleunigste Zusendung als Eilgut (en grande vitesse);
e) Zusendung als Postpaket (par colis postal);
f) Frankierte Zusendung der Waren (en port payé; franco).

## Auftragsbestätigungen.

Oft ist der Lieferant nicht imstande, den erhaltenen Auftrag sofort auszuführen. In diesem Falle zeigt er dem Besteller den Empfang des Auftrags an und schickt ihm eine Auftragsabschrift zu; zunächst um festzustellen, daß er die Ausführung übernimmt, sodann um Mißverständnissen vorzubeugen.

Auftragsbestätigungen werden auf Blättern oder Formularen erteilt, die den Namen des Lieferanten als Vordruck tragen.

Die Auftragsbestätigung stimmt Punkt für Punkt mit dem Bestellschein überein, insbesondere erwähnt sie: Nummer des Auftrags, Namen und Adresse des Auftraggebers, Tag der Bestellung und Lieferung, Bezeichnung, Menge, Beschaffenheit und Preis der Waren.

Ist der Auftrag von einem Vertreter des Lieferanten, seinem Reisenden, Agenten oder Kommissionär entgegengenommen worden, so erwähnt die Bestätigung den Namen des Vermittlers.

### Auftragsbestätigungen.

1. Hierdurch bestätigen wir, heute an Sie verkauft zu haben:

1. Nous vous confirmons votre ordre de ce jour comme suit:

2. Ihren Auftrag vom 5. dieses Monats bestätige ich, verbindlichst dankend, wörtlich wie folgt:

2. Je vous remercie bien de votre commande du 5 courant, et vous la confirme textuellement comme suit:

3. Mit verbindlichstem Danke bestätigen wir den gestern unserem Reisenden, Herrn Berger, erteilten Auftrag.

3. Nous vous confirmons ci-après l'ordre que vous avez bien voulu donner à notre voyageur M. Berger.

4. Ich beehre mich, in der Anlage das von Ihnen mit meinem Vertreter, Herrn Blank, gestern abgeschlossene Kaufgeschäft zu bestätigen.

4. J'ai l'honneur de vous adresser, sous ce pli, confirmation de la vente conclue hier avec vous par mon représentant Monsieur Blanc.

5. Ihrer Zuschrift vom 12. d. Mts. entfalteten wir Orderzettel Nr. 381, dessen Inhalt wir in der Anlage bestätigen.

5. Votre lettre du 12 courant renfermait le bon de commission N° 381, dont vous trouverez le double sous ce pli.

**6. Bestätigungsformular.**

Auftrag Nr. .... Berlin, den ..........

Paul Berger & Co.
Brüderstraße C. 2.

Bestellung von: (Name des Auftraggebers.)
Wohnort: ..............................
Zu liefern: ..............................
Zahlbar: ..............................

| Menge: | Bezeichnung der Waren: | Preis: | |
|---|---|---|---|
| | | | |

**6. Formule de confirmation.**

C^on N° ...  Paris, le..........

Paul Berger & C^ie
2, rue Soufflot (5^e Arr^t)

Commis par: (nom du commettant) ..........
Adresse: ..............................
livrable le ..............................
payable ..............................

| Quantité: | Désignation des articles: | Prix: | |
|---|---|---|---|
| | | | |

XI. Anfertigung folgender Auftragsbestätigungen:

Mélot & Renard, Lyon, bestätigen den Firmen:
1) Louis Renault, Elbeuf; 2) Suchet & C^ie, Amiens:

a) den am 1. d. M. brieflich erteilten Auftrag;
b) die am vorhergehenden Tage telephonisch gemachte Bestellung;
c) den am gleichen Tage telegraphisch erteilten Auftrag;
d) die gestern dem Reisenden Jaubert gemachte Bestellung;
e) den mittels Bestellzettel Nr. 23 erteilten Auftrag;
f) den soeben erhaltenen Auftrag; auf Bestätigungsformular.

## Ausführungs- und Versandanzeigen.

Sobald die Waren abgeschickt sind, übersendet der Verkäufer dem Käufer eine Rechnung über die verkauften Gegenstände. Die Rechnung ist gewöhnlich von einem kurzen Briefe begleitet, der ausführliche Angaben enthält, die sich auf Prüfung der Sendung, auf die gewährte Beschwerdefrist, auf Zahlungsort und Zahlungsform, auf das im Streitfalle zuständige Gericht und auf die Buchung beziehen. Sehr häufig werden diese Angaben auf dem Formular selbst über oder unter der Rechnung gemacht, mitunter auch auf besonderem Blatte oder auf einem mit der Rechnung zusammenhängenden Bogen.

## Versandanzeigeformeln.

1. Wir beehren uns, Ihnen beiliegend Rechnung über die mit Ihrem Schreiben vom ...... d. J. bestellten Waren zu behändigen, deren Betrag Sie uns mit ℳ ...... gutbringen wollen.

1. Nous avons l'honneur de vous remettre ci inclus facture aux marchandises que vous nous avez demandées par votre lettre du ..... dernier, s'élevant à Fr. ...., dont veuillez bien nous créditer.

2. Zufolge Ihres Auftrags vom ...... a. c. sandte ich Ihnen die nachstehend verzeichneten Waren und bitte, mir den Betrag von ℳ ..... gutschreiben (gutbringen) zu wollen.

2. Conformément à votre ordre du ...... dernier, je vous ai expédié les articles désignés ci dessous, au montant de Fr ....., que veuillez porter à mon crédit.

3. Ihrer Weisung vom ...... d. J. gemäß übersandten wir Ihnen die oben verzeichneten Waren und bitten, uns für den Rechnungsbetrag mit ℳ ...... erkennen zu wollen.

3. Nous avons l'honneur de vous remettre ci dessus facture aux marchandises commandées par votre lettre du ...... dernier, s'élevant à Fr. ....., à notre crédit.

4. Die mir gestern durch meinen Reisenden, Herrn Blank, gütigst in Auftrag gegebenen Waren gingen heute laut umstehender Rechnung an Sie ab. Für den Betrag derselben belastete ich Ihr Konto mit ℳ ......

4. J'ai l'honneur de vous remettre ci contre facture aux articles que vous avez bien voulu me demander hier, par l'entremise de mon voyageur M. Blanc, et s'élevant à Fr..., à votre débit.

5. Über die uns gestern abend mittels Fernsprecher in Auftrag gegebenen Waren finden Sie beigeschlossen Rechnung. Wir bitten, uns für deren Betrag mit ℳ ...... zu erkennen.

5. Nous avons l'avantage de vous remettre, sous ce pli, facture aux marchandises que vous avez bien voulu nous demander hier soir par téléphone. Veuillez nous créditer de Fr....

6. Ich gestatte mir, Ihnen über die heute morgen telegraphisch bestellten Waren Rechnung zu übersenden und bitte, mir deren Betrag von ℳ ...... gutschreiben zu wollen.

6. J'ai l'honneur de vous adresser les articles demandés par votre dépêche do ce matin, dont facture s'élevant à Fr...., que vous voudrez bien porter à mon crédit.

XII. Anfertigung folgender Ausführungsanzeigen:

Absender: 1) Saurel fils, 36, rue Saint Esprit, Marseille;
2) L. Boyer & Cie, 4, cours Gambetta, Bordeaux.

| | Empfänger: | Tag der Bestellung: | Rechnungsbetrag: |
|---|---|---|---|
| a) | Jules Dumas, Nantes (Loire Infre); | 15. des Monats; | Fr. 400.—, |
| b) | Binot frères, Saint Denis (Seine); | 30. März d. J.; | Fr. 285.50, |
| c) | Brion et Faure, Noyers (Meuse); | 1. des Monats; | Fr. 365.75, |
| d) | Lapierre & Croisier, Mesnières (Seine Inf.); | 2. des Monats; | Fr. 1018.40, |
| e) | Léon Brosset, Alençon (Orne); | gestern abend; | Fr. 116.50, |
| f) | Berthier et Martin, 26, rue de Douai, Lille; | heute früh; | Fr. 322.10. |

## Wortlaut der Rechnungen.

Die Rechnung (Faktur, Nota) ist die Aufzählung der einzelnen Kaufsachen mit Angabe des Preises und der Verkaufsbedingungen. Der Wortlaut der französischen Rechnung weicht von dem der deutschen Rechnung ab. Die deutsche Fassung enthält die Bezeichnung des Schriftstückes als „Rechnung". Dieser Ausdruck ist im Französischen durch das Zeitwort „Doit" (von devoir schulden) zu geben. Doit bedeutet „doit", wenn es sich auf einen, „doivent" wenn es sich auf mehrere Käufer bezieht.

Man unterscheidet Platzrechnung (Nota), die den am Orte wohnenden Käufern, und Versandrechnung (Faktur), die den auswärtigen Käufern ausgestellt wird.

Die Platzrechnungen erwähnen am Kopfe die Firma des Verkäufers und enthalten außerdem folgende Angaben: a) Namen und Wohnort des Käufers; b) Ort und Tag des Verkaufs; c) Bezeichnung, Menge und Beschaffenheit der Ware; d) Einheitspreis und Betrag jedes Warenpostens (Einzelbetrag); e) Gesamtbetrag; f) die Vereinbarungen, die sich auf Zahlungsart, Zahlungsort, Zahlungszeit und Skontoabzug beziehen.

Die Versandrechnungen geben außerdem an: g) Art und Weise der Verpackung; h) Zeichen und Nummer bei Stückgütern; i) Brutto- und Nettogewicht der Ware; k) die Vereinbarungen, die sich auf Beförderung, Reisegefahr und Gerichtsstand beziehen.

Die Rechnungen werden vom Verkäufer nicht unterzeichnet und vom Käufer nicht bestätigt. Wenn dieser nicht innerhalb einer sehr kurzen Frist, nachdem er Besitz von der Ware genommen hat, Beschwerde erhebt, so gilt sein Schweigen als Genehmigung. Nach geschehener Prüfung werden die Rechnungen in alphabetischer Ordnung in die Kassenbelege eingereiht.

## Rechnungsformular.

*Robert May Nachf.*

Fernsprecher: Amt III. 6574. — *BERLIN SW.*, Friedrichstr. 13/13 B. — Drahtnachrichten: Mayrob, Berlin.

Berlin, den..........

RECHNUNG für Herr ......................(Firma des Käufers)......................

Ausstellungen können nur berücksichtigt werden, wenn sie spätestens 8 Tage nach Empfang erfolgen. Ziel 3 Monate oder per Kasse 2% Skonto. Erfüllungsort und Gerichtsstand Berlin.

| Zeichen und Nr. | Inhalt | Bezeichnung der Waren | Preis | Betrag |
|---|---|---|---|---|
| | | Sie empfingen auf Ihre Bestellung, als Frachtgut, für Ihre Rechnung und Gefahr: | | |

## Formule de facture.

*Robert May Succr.*

Téléphone: 25—69. — 68 & 68 bis, Boulevard Richard Lenoir (2e) Arrt) — Adresse télégraphique: Mayrob, Paris.

Paris, le..........

M. ......................(Nom de l'acheteur)...................... Doit

les marchandises suivantes, expédiées à vos risques et périls, par petite vitesse, payables dans Paris à 90 jours, au comptant 2% d'escompte.

Passé 8 jours après la livraison, aucune réclamation ne sera plus admise. Mes traites ne font pas dérogation au lieu de paiement qui est Paris.

| Marque: | Contenance: | Désignation des articles | Prix | Sommes |
|---|---|---|---|---|
| | | | | |

## Rechnungsköpfe:

| | |
|---|---|
| 1. Firma und Sitz der Verkäufer. | 1. Noms et domicile des vendeurs. |
| Rechnung für (Firma und Sitz des Käufers): | M... (nom et domicile de l'acheteur) Doit |
| Sie empfingen auf Ihre Bestellung und Gefahr durch ....., zahlbar..... | les marchandises suivantes, expédiées à.... risques et périls, par..., valeur..... |
| 2. Rechnung | 2. Doit M.... (nom et domicile de l'acheteur) |
| für (Firma und Sitz des Käufers) | à (nom du vendeur) |
| von (Firma des Verkäufers) | |
| Ich sandte Ihnen für Ihre Rechnung und Gefahr, durch ........., zahlbar....... | le montant des articles ci après, expédiés à.... risques et périls, par...., valeur... |
| 3. Firma und Sitz des Verkäufers. | 3. Nom et domicile du vendeur. |
| Rechnung für: (Firma und Sitz der Käufer) | M... (noms et domicile des acheteurs) Doit |
| über für Ihre Rechnung und Gefahr durch..... nach dort gesandte Waren; Ziel...... | les marchandises ci dessous détaillées, expédiées aux risques et périls du destinataires; valeur.... |
| 4. Rechnung | 4. Doit M.... (noms et domicile des acheteurs) |
| für (Firma und Sitz der Käufer) | à (noms des vendeurs) |
| von (Firma der Verkäufer) | |
| Wir sandten Ihnen auf Bestellung, für Ihre Rechnung und Gefahr, als Eilgut, zahlbar... | pour les articles suivants expédiés à.... risques et périls, en grande vitesse, payables........ |
| 5. Firma und Sitz der Verkäufer. | 5. Noms et domicile des vendeurs. |
| Rechnung für: (Firma und Sitz des Käufers) | M... (nom et domicile de l'acheteur) Doit |
| Sie empfingen folgende heute als Frachtgut für Ihre Gefahr und Rechnung verladenen Waren, gegen bar ohne Abzug: | pour vente et livraison de ce qui suit, expédié en petite vitesse, à... risques et périls, prix net au comptant. |
| 6. Faktur | 6. Doit M.... (noms et domicile des acheteurs) |
| für (Firma und Sitz der Käufer) | à (nom du vendeur) |
| von (Firma des Verkäufers) | |
| Für Ihre Rechnung und Gefahr sandte ich Ihnen heute als Postpaket, gegen Nachnahme: | pour les articles suivants, expédiés à... risques et périls, par colis postal, contre remboursement: |

## XIII. Anfertigung folgender Rechnungsköpfe:

**Verkäufer:** a) Saurel fils, 36, rue saint Esprit, Marseille;
b) L. Boyer & Cie, 4, cours Gambetta, Bordeaux.

| Käufer: | Beförderungsart: | Zahlungstermin: |
| --- | --- | --- |
| a) Jules Dumas, Nantes (Loire Inférieure); | durch die Bahn; | Ziel 3 Monate. |
| b) Binot frères, Saint Denis (Seine); | als Frachtgut; | Barzahlung. |
| c) Brion et Faure, Noyers (Meuse); | durch die Eisenbahn; | Wert 15. April d. J. |
| d) Lapierre & Croisier, Mesnières (Seine Inf.); | als Eilgut; | Wert Ende Juni 19. |
| e) Léon Brosset, Alençon (Orne); | als Frachtgut; | zahlbar Ende d. Mts. |
| f) Berthier et Martin, 26, rue de Douai, Lille; | als Postpaket; | gegen Nachnahme. |

## Ablehnung der Annahme.

Wenn der Verkäufer seiner Verpflichtung, die Kaufsache zu dem festgesetzten Zeitpunkt zu liefern, nicht nachkommt, oder wenn die gelieferte Ware nicht die bedungene Beschaffenheit, Güte oder Menge aufweist, so kann der Käufer die Annahme derselben verweigern und, je nach seiner Wahl Minderung, das heißt eine Herabsetzung des Preises, oder Wandelung, das heißt Rückgängigmachung des Kaufes, fordern.

Die Kaufsache anzunehmen kann der Käufer jedoch nur ablehnen, wenn:

1. der Verkäufer zum vereinbarten, kalendermäßig festgesetzten Tage nicht geliefert hat;
2. der Verkäufer nicht die bedungene Ware geliefert hat;
3. der Verkäufer weniger oder mehr Ware, als bedungen war, geliefert hat;
4. der Verkäufer Waren geliefert hat, deren offenbare oder verborgene Mängel sie für den Gebrauch, zu dem sie bestimmt sind, untauglich machen.

Mängelrügen. Offenkundige und leicht nachweisbare Mängel sind sofort nach der Untersuchung der Ware zu rügen. Verborgene Fehler, deren Vorhandensein bei der ersten Prüfung nicht erkannt worden ist, sind sogleich nach ihrer Entdeckung anzuzeigen. Ebenso wie der Kaufmann verpflichtet ist, die ihm gelieferten Gegenstände unmittelbar nach Eingang zu prüfen, so soll er auch den Verkäufer ungesäumt von der Ablehnung der Annahme in Kenntnis setzen. Er soll ferner diese Ablehnung rechtfertigen. Unbestimmte Redewendungen wie: „Der Bestellung nicht entsprechen; unverkäuflich sein; der Erwartung nicht genügen usw.“, begründen keinen Wandlungsanspruch.

Der Käufer, der die gesetzliche Frist verstreichen läßt, ohne die festgestellten Mängel zu rügen, verwirkt dadurch das Recht, gegen den Verkäufer richterliche Entscheidung zu beantragen.

Gewöhnlich wird der Kaufmann, bevor er seine Beschwerde vorbringt, einige Worte des Bedauerns über die Zwangslage äußern, in der er sich befindet, Klage zu führen. Die in solchem Falle üblichen Wendungen sind: regretter d'être obligé bedauern gezwungen zu sein; avoir le regret d'être dans la nécessité sich zu seinem Bedauern in der unangenehmen Lage befinden; se voir à regret contraint sich nur ungern genötigt sehen; prier de disposer de l'envoi bitten über die Sendung zu verfügen; laisser la marchandise pour compte die Ware zur Verfügung stellen; tenir la caisse à la disposition de die Kiste zur Verfügung halten.

## Ablehnung der Annahme.

1. Zu meinem lebhaften Bedauern muß ich Ihnen Ihre Sendung vom 10. d. Mts. zur Verfügung stellen, da die gelieferten Waren in keiner Weise dem mir vorliegenden Muster entsprechen.

1. A mon vif regret, j'ai à vous prier de disposer de votre envoi du 10 courant, les marchandises livrées ne correspondant en aucune façon à l'échantillon que j'ai en main.

2. Wir bedauern sehr, Ihnen die Stoffe zur Verfügung stellen zu müssen; infolge des bei der Absendung vorgekommenen Versehens trafen sie zu spät für uns ein.

2. Nous regrettons beaucoup d'être obligés de vous laisser ces étoffes pour compte; par suite de l'erreur commise dans l'expédition, elles nous sont parvenues trop tard.

3. Zu meinem großen Bedauern sehe ich mich gezwungen, Ihnen mitzuteilen, daß die Gegenstände, infolge mangelhafter Verpackung während der Reise so gelitten haben, daß es mir unmöglich ist sie anzunehmen.

3. Je me vois forcé, bien à regret, de vous dire que, par suite de l'emballage défectueux, les objets ont tellement souffert, pendant le transport, qu'il m'est impossible d'en prendre livraison.

4. Wir waren sehr erstaunt, beim Auspacken der Kiste gar nicht die bei Ihnen bestellten Gegenstände vorzufinden; es hat sicher eine Verwechselung stattgefunden. Wir bitten, anderweit über die Sendung zu verfügen und uns für den Betrag zu erkennen.

4. Nous avons été fort surpris de ne pas trouver, au déballage de la caisse, les articles que nous vous avons commandés; il doit y avoir substitution. Nous vous prions, bien à regret, de disposer de l'envoi et de nous créditer du montant.

5. Ich bedauere, Ihnen die am 15. d. Mts. an mich abgesandten Waren zur Verfügung stellen zu müssen, da sie in der Beschaffenheit weit hinter Ihrer letzten Sendung vom vorigen Januar zurückstehen.
6. Wie wir Ihnen soeben telephonisch mitteilten, zwingt uns dieser große Gewichtsunterschied, das Faß zu Ihrer Verfügung zu halten, wenn Sie uns nicht 15 % des Rechnungswertes vergüten.

5. Je regrette d'avoir à vous laisser pour compte les articles que vous m'avez expédiés le 15 courant, leur qualité étant bien inférieure à votre dernier envoi du mois de janvier.
6. Comme nous venons de vous téléphoner, cette grande différence de poids nous oblige à tenir le fût à votre disposition, si vous ne nous faites pas une réduction de 15 % sur le prix de facture.

XIV. Anfertigung folgender Annahmeverweigerungen:

Abnehmer: 1. Paul Girard, Vincennes (Seine);
2. Tramier frères, Louviers (Eure).

Lieferanten: 3. André Garnier, 13, rue St. Michel, Toulouse;
4. Veuve Godard & Cie, 6, avenue de Saxe, Lyon.

Gründe für die Ablehnung der Annahme:

a) Die Ware entspricht dem Muster nicht;
b) Die Sendung ist infolge falscher Adresse zu spät eingetroffen;
c) die Gegenstände haben infolge schlechter Verpackung während der Reise gelitten;
d) die gelieferten Stoffe entsprechen nicht der Bestellung;
e) Die Beschaffenheit der Ware weicht von der einer früheren Sendung ab;
f) Die Menge der Ware stimmt nicht mit der Rechnung überein.

## Beantwortung von Mängelrügen.

In der Regel ist der Kaufmann gern bereit, einem gütlichen Vergleich zuzustimmen. Wenn die vom Käufer gerügten Mängel tatsächlich vorhanden sind, beeilt sich der Verkäufer, ihn um Entschuldigung zu bitten und ihm zuzusichern, daß solche Irrtümer und Nachlässigkeiten nicht wieder vorkommen sollen. Er erklärt sich gern bereit, die ihm zur Verfügung gestellten Waren umzutauschen oder zurückzunehmen (Retouren) und den dafür berechneten Preis an den Kunden zurückzuerstatten.

Sind die Ausstellungen übertrieben oder unbegründet, so bemüht sich der Verkäufer, sie zu entkräften und, um die Kundschaft zu erhalten, willigt er in den Umtausch dessen, was nicht gefällt. Um die Kosten der Fracht und Rückfracht zu sparen, schlägt er noch häufiger einen in Prozenten ausgedrückten Preisnachlaß vor, wenn der Käufer einwilligt, die Kaufsache zu behalten.

Nachdem die Streitfrage erledigt ist, übersendet der Lieferant dem Kunden entweder eine Gutschriftsanzeige oder eine umgeschriebene Rechnung oder eine Gutschriftsrechnung als Gegenwert der zurückerstatteten Kaufsache oder der bewilligten Preisermäßigung. Die Gutschriftsrechnung wird häufig mit roter Tinte ausgefüllt oder auf einem Zettel von besonderer Farbe ausgestellt.

Es folgen einige bei Beantwortung von Mängelrügen der Kundschaft häufig gebrauchte Ausdrücke: être bien fâché d'apprendre sehr leid tun zu hören; être désolé d'avoir constaté zu seinem Leidwesen festgestellt haben; être tout confus de l'erreur commise über den begangenen Irrtum ganz betroffen sein; demander pardon um Verzeihung bitten; faire (toutes) ses excuses sich (dringend) entschuldigen; présenter ses excuses um Entschuldigung bitten; proposer une réduction de prix einen Preisnachlaß vorschlagen; accorder une réfaction de eine Preisminderung von ... gewähren; faire une bonification de eine Vergütung von... eintreten lassen; offrir un rabais de eine Preisherabsetzung von ... anbieten.

## Antworten auf Mängelrügen.

| | |
|---|---|
| 1. Gestatten Sie mir zu bemerken, daß die gelieferten Tuche, abgesehen von einer geringen Abweichung der Farbe, meiner Probe völlig entsprechen. Indessen schlage ich Ihnen, um die Beförderungskosten zu vermeiden, einen Nachlaß von 3 % auf den Fakturenpreis vor. | 1. Permettez moi de vous faire observer qu'à part une légère différence de couleur, les draps fournis sont absolument pareils à mon échantillon. Cependant, pour éviter les frais de transport, je vous offre une réduction de 3 % sur le prix facturé. |
| 2. Ihre Beschwerde vom...... ist durchaus gerechtfertigt. Zu unserem Leidwesen haben wir festgestellt, daß bei Absendung der Kiste ein Irrtum begangen worden ist. Wir bitten höflichst um Entschuldigung wegen | 2. Votre réclamation du...... est parfaitement fondée. Nous sommes désolés d'avoir constaté l'erreur commise dans l'expédition de la caisse. Nous vous prions d'agréer toutes nos excuses pour cette |

dieser Nachlässigkeit und ersuchen Sie, uns mitzuteilen, ob wir Ihnen die bestellten Gegenstände auf unsere Kosten als Eilgut zugehen lassen dürfen. Seien Sie überzeugt, daß ein solches Versehen nicht wieder vorkommt.

négligence et de nous dire si nous devons vous envoyer les objets commandés, en grande vitesse, à nos frais. Soyez persuadé (és) qu'une pareille inadvertance ne se renouvellera pas.

3. Zu meinem lebhaften Bedauern höre ich, daß meine Sendung vom . . . . . . während der Reise gelitten hat. Ich kann versichern, daß die Verpackung tadellos war und muß jede Verantwortlichkeit in dieser Hinsicht ablehnen. Gleichzeitig möchte ich Sie bitten, Ihre Beschwerde an den allein verantwortlichen Spediteur zu richten, den Sie selbst mit der Beförderung beauftragt hatten.

3. Je suis très fâché d'apprendre que mon envoi du . . . . . . a souffert pendant le voyage. Je puis vous assurer que l'emballage était irréprochable et dois décliner toute responsabilité à ce sujet. Je vous prie d'adresser votre réclamation au commissionnaire de transports que vous aviez chargé vous même(s) de l'expédition et qui seul est responsable.

4. Wir sind ganz bestürzt und bitten sehr um Entschuldigung, daß Sie infolge eines Versehens eine Sendung erhalten haben, die gar nicht für Sie bestimmt war. Wir werden die Kiste durch Herrn Klein, dort, bei Ihnen abholen lassen. Inzwischen ließen wir die am 18. d. M. brieflich bei uns bestellten Gegenstände als Eilgut an Sie abgehen.

4. Nous sommes tout confus et vous faisons toutes nos excuses de ce que, par inadvertance, vous avez reçu un envoi qui ne vous était point destiné. Nous ferons retirer la caisse par M. Klein, de votre ville. En attendant, nous avons fait partir, en grande vitesse, les articles que vous nous avez demandés le 18 courant.

5. Ich bin sehr erstaunt zu erfahren, daß die gelieferten Stoffe nicht Ihren Beifall finden. Der Fabrikant behauptet, daß er sie in gleicher Beschaffenheit wie das vorige Mal geliefert hat. Er ist jedoch bereit, eine Preisminderung

5. Je suis très surpris d'apprendre que les étoffes que je vous ai livrées ne vous donnent pas satisfaction. Le fabricant prétend les avoir fournies de même qualité que la dernière fois. Toutefois il est prêt à accorder

von 10 % zu gewähren; darf ich sie annehmen?

6. Da uns ganz besonders daran liegt, Sie in jeder Hinsicht zufrieden zu stellen, sind wir bereit, Ihnen den gewünschten Preisnachlaß zu gewähren. Sie finden beigeschlossen die entsprechend abgeänderte Rechnung.

une réfaction de 10 %; dois je l'accepter?

6. Comme nous tenons tout particulièrement à vous donner satisfaction sous tous rapports, nous sommes prêts à vous accorder la réduction de prix demandée. Veuillez trouver sous pli la facture redressée en conséquence.

XV. Beantwortung folgender Beschwerden:

Lieferanten: 1. André Garnier, 13, rue St Michel, Toulouse,
2. Veuve Godard & Cie, 6, avenue de Saxe, Lyon.
Abnehmer: 3. Paul Girard, Vincennes (Seine);
4. Tramier frères, Louviers (Eure).

Von den Lieferanten abgegebene Erklärungen:

a) eine kleine Abweichung in der Farbe rechtfertigt die Ablehnung nicht; Vorschlag: 3 % Preisnachlaß.
b) ein Versehen bei der Absendung hat stattgefunden; Vorschlag: Zusendung der Gegenstände als Eilgut.
c) die bemängelte Verpackung war ausreichend; Vorschlag: Beschwerde beim Spediteur.
d) es hat aus Versehen eine Verwechselung stattgefunden: Vorschlag: die Ware wird abgeholt.
e) die gelieferte Ware war von vorschriftsmäßiger Beschaffenheit; Vorschlag: 10 % Preisnachlaß.
f) man legt großen Wert darauf, den Kunden zu befriedigen: Vorschlag: die geforderte Minderung wird gewährt.

## Zahlung (Erlegung, Begleichung) des Kaufpreises.

Nachdem der Käufer die Ware übernommen hat, ist er verpflichtet, den dafür vereinbarten Preis zu zahlen. Die Form, der Ort und die Zeit der Zahlungen sind verschieden.

Zahlungsformen. Zahlungen können geleistet werden:

a) in Geld;
b) durch Eigenwechsel;
c) durch gezogenen Wechsel;
d) durch Scheck;
e) durch Überweisung.

Zahlungsort. Zahlungen können stattfinden:

a) am Wohnsitze des Gläubigers; sie heißen dann Einzahlungen, Anschaffungen;

b) am Wohnsitze des Schuldners; sie heißen dann Entnahmen, Einziehungen;

c) am Wohnsitze einer Bank, durch Umbuchung von einem auf das andere Konto; sie heißen dann Überweisungen.

Zahlungszeiten. Zahlungen können geleistet werden:

a) im voraus;

b) gegen bar (Kasse);

c) am Zahlungstermin (Ziel).

Vorauszahlungen werden geleistet:

1. durch Einsendung; der Betrag wird bei der Bestellung eingeschickt;

2. gegen Nachnahme; die Ware wird nur gegen Zahlung des Betrages ausgehändigt.

Barzahlungen werden geleistet:

1. Zug um Zug; die Ware ist bei der Übergabe zahlbar;

2. gegen bar, gegen Kasse; die Ware ist nach einer kurzen für die Prüfung der Rechnung erforderlichen Frist zahlbar.

Terminzahlungen sind zu leisten:

1. am . . .; ein Kalendertag ist vereinbart und festgesetzt;

2. nach Handelsbrauch; es ist keine bestimmte Zahlungsfrist vereinbart worden.

Barkauf, Kreditkauf. Wenn keine anderweiten Vereinbarungen getroffen werden, so ist die verkaufte Ware am Orte und am Tage der Lieferung zahlbar; der Kauf ist ein Barkauf oder Handkauf.

In der Regel gewährt der Verkäufer dem Käufer Stundung der Zahlung, der Kauf ist ein Kreditkauf. Der Verkaufspreis wird meist für den Kreditkauf berechnet. Wenn der Käufer auf Kredit es vorzieht, vor dem vereinbarten Termin zu zahlen, so hat er Anspruch auf einen Preisnachlaß, Vergütung für Zahlung vor Fälligkeit des Rechnungsbetrags, Skonto genannt.

Skonto bei Barzahlungen. Das Skonto ist der vom Betrage einer vor Fälligkeit bezahlten Rechnung gewährte Abzug. Es wird nach Prozenten berechnet und zwar ohne Rücksicht darauf, welche Frist für die Zahlung gewährt worden war.

Der Franzose spricht von „Stundungspreis (prix fort)“, wenn er andeuten will, daß ein Skontoabzug zulässig ist, von „Nettopreis (prix net)“, wenn er ausdrücken will, daß kein Abzug gestattet ist, oder daß der Skontoabzug bereits stattgefunden hat.

Fälligkeit der Zahlung. Der Zahlungstag wird bestimmt:
durch Festsetzung eines Kalendertages: „valeur (val.) fin courant Wert (Valuta) am Schlusse dieses Monats; — payable (au) 15 mai prochain zahlbar (am) 15. Mai d. J.“;
durch Festsetzung einer Zahlungsfrist: „valeur (payable) à 3 mois de date Wert (zahlbar) 3 Monate nach heute (dato).
Dato = von heute (dem Tage der Rechnungsausstellung) an gerechnet.“
Offenes Ziel; Wechselakzept. Der Kaufpreis wird gestundet:
gegen wechselmäßige Verpflichtung des Käufers: „règlement par traite (acceptée) gegen Wechsel (Bankrimesse, Tratte, Akzept)“;
ohne wechselmäßige Verpflichtung des Käufers: „règlement direct; règlement à la convenance de l'acheteur offenes Ziel:

Zahlungsbedingungen:

| | |
|---|---|
| 1. Zahlbar gegen Kasse; zahlbar netto Kasse. | 1. Valeur comptant; valeur au comptant. |
| 2. Zahlbar innerhalb 30 Tagen. | 2. Valeur (valeur à) 30 jours. |
| 3. Zahlbar ultimo Juni; zahlbar 30. Juni d. J. | 3. Payable fin juin; payable le 30 juin prochain. |
| 4. Zahlung hat sofort ohne jeden Abzug zu erfolgen. | 4. Payable (valeur) au comptant, sans escompte. |
| 5. Rein netto (ohne jeden Abzug) gegen Barzahlung bei Empfang der Ware. | 5. Prix net au comptant, payable dès réception de la marchandise. |
| 6. Ziel 3 Monate netto oder innerhalb 30 Tagen ab heute mit 2 % Skonto. | 6. Valeur à 90 jours de date, sans escompte, ou à 30 jours de date, sous 2 % d'escompte. |
| 7. Barzahlungen erbitten wir uns durch unser Bankhaus...... | 7. Veuillez adresser votre règlement à notre maison de banque. |
| 8. Barzahlungen erbitte ich mir auf mein Postscheckkonto Nr. ......, Leipzig. | 8. (Postscheckkonti gibt es in Frankreich nicht; alle Überweisungen erfolgen durch die Bank.) |

In Frankreich erfolgt die Regelung der Rechnungen häufig am Schlusse des Monats. In solchen Fällen pflegt der Verkäufer dem Käufer einen Rechnungsauszug oder Monatsauszug „relevé de compte, relevé de factures" zu übersenden, in dem nur Datum und Betrag der während des Monats ausgestellten Rechnungen erwähnt sind.

## Geld und sonstige Zahlungsmittel.

Der Preis einer Ware besteht stets in Geld. Zur Begleichung des Kaufpreises bedient man sich des gemünzten Geldes, des Papiergeldes, der Banknoten oder der Geldersatzmittel (effets de commerce).

Die Franzosen verstehen unter „effets de commerce" verschiedene Zahlungsmittel (instruments de paiement): gezogene Wechsel, eigene Wechsel, Schecks usw., die eine Zahlungsverpflichtung dartun und entweder durch einfache Übergabe oder durch Indossament übertragbar sind.

## Französisches Geld.

**Metallgeld, Bargeld, Münzen, Gelder.** Man unterscheidet Metallgeld, Papiergeld und Banknoten. Jedes Geldsystem beruht auf einer Geld- oder Rechnungseinheit. Die Rechnungseinheit für deutsche Münzen ist die Mark, geteilt in 100 Pfennige; die Rechnungseinheit für französische Münzen ist der Frank, geteilt in 100 Centimes. Eine Mark gilt 1 Frank 23 Centimes; ein Frank gilt 81 Pfennige.

Die französischen Münzen bestehen aus Gold, Silber, Nickel oder Bronze. Die Goldmünzen und die Fünffrankenstücke sind unbeschränktes, gesetzliches Zahlungsmittel. Das freie Prägerecht besteht nur für Goldmünzen. Die Zahlungskraft der Scheidemünzen ist beschränkt: beim Silber für die Stücke von $^1/_2$ bis 2 Franken auf 50 Franken, bei der Scheidemünze von 1 bis 25 Centimes auf 5 Franken.

Stückelung der französischen Münzen:

| Goldmünzen: | Silbermünzen: | Scheidemünzen: |
|---|---|---|
| 100 Frankenstücke | 5 Frankenstücke | 25 Centimesstücke |
| 50 „ | 2 „ | 10 „ |
| 20 „ | 1 „ | 5 „ |
| 10 „ | $^1/_2$ „ | 2, 1 „ |

Die Bronzemünzen sollen verschwinden.

Im Volksmund heißt das Fünfcentimesstück le sou, das Zehncentimesstück le gros sou, der Frank vingt sous, 1 $^1/_2$ Franken trente sous, 2 Franken quarante sous, 5 Franken cent sous usw.

**Französische Banknoten.** Frankreich besitzt nur eine Zettelbank, die Banque de France. Die von dieser Bank ausgegebenen Noten sind gesetzliches Zahlungsmittel; jedermann ist gezwungen, sie in Zahlung zu nehmen und jederzeit berechtigt, sie bei der Emissionsbank gegen Bargeld austauschen zu lassen.

Die Banque de France gibt Banknoten im Betrage von 1000 Franken und Abschnitte von 500, 100 und 50 Franken aus.

## Geldersatzmittel.

### Eigene Wechsel. Gezogene Wechsel.

Der Wechsel ist eine Urkunde, durch welche:

a) der Aussteller sich verpflichtet, eine Zahlung zu leisten (**Zahlungsversprechen**): eigener (trockener) Wechsel, billet à ordre;

b) der Aussteller den Auftrag erteilt, eine Zahlung zu leisten (Zahlungsauftrag): gezogener Wechsel (Tratte), lettre de change, traite, mandat.

## Der eigene (trockene) Wechsel.

**Wesentliche Erfordernisse des eigenen Wechsels.** Der eigene Wechsel ist eine Urkunde, durch welche sich eine Person (Aussteller souscripteur) verpflichtet, an eine andere Person (Wechselnehmer, Remittent bénéficiaire) oder an deren Order (Orderklausel clause à ordre) eine angegebene Geldsumme (Wechselbetrag montant) zu einer bestimmten Zeit (Verfallzeit échéance) zu zahlen:

Die wesentlichen Angaben des eigenen Wechsels sind:

| in Deutschland: | in Frankreich: |
|---|---|
| 1. Wechselklausel; | 1. Orderklausel; |
| 2. Ausstellungsdatum; | 2. Ausstellungsdatum; |
| 3. Verfallzeit; | 3. Verfallzeit; |
| 4. Wechselbetrag; | 4. Wechselbetrag; |
| 5. Name des Remittenten; | 5. Name des Remittenten; |
| 6. Unterschrift des Ausstellers; | 6. Unterschrift des Ausstellers; |
| 7. Wertempfangsbekenntnis. | 7. Wertempfangsbekenntnis. |

Die Orderklausel „an die Order von" und das Wertempfangsbekenntnis (Valutaklausel) „Wert empfangen in" sind in Frankreich erforderlich; in Deutschland sind sie nicht nötig.

Die in Deutschland erforderliche Wechselklausel „für (gegen) diesen Primawechsel" wird in Frankreich nicht gefordert.

***Eigener Wechsel.***

*(Ort der Ausstellung) ........ den (Tag der Ausstellung) ........ 19..[2]) Für ________*

*Am ........ (Fälligkeitstag) ........[3]) zahle ich / zahlen wir für diesen meinen / unseren Wechsel[8])*

*an die Order[1]) von ........ (Name des Wechselnehmers)[5]) ........ die Summe von*

*Mark ________ (Wechselsumme)[4]) ________*

*Den Wert habe ich[7]) / haben wir in ........ (bar, Waren usw.) ........ empfangen.*

*Auf mich / uns selbst.*

*(Unterschrift des Ausstellers)[6]) ........*

1) Orderklausel. 2) Ort und Tag der Ausstellung. 3) Verfallzeit. 4) Wechselsumme. 5) Name des Remittenten. 6) Unterschrift des Ausstellers. 7) Wertempfangsbekenntnis. 8) Wechselklausel.

## *Billet à ordre.*

(Lieu de création) *le* (Date de l'émission) *19..*²) *B.P.F.*

*Au* ........(Échéance)³)........ *je/nous payer ai/ons* (⁸))

*à M.*........(Nom du bénéficiaire)⁵)........ *ou à son/leur ordre*¹) *la somme*

*de* (Somme à payer)⁴)

*Valeur reçue en*....(espèces, marchandises, etc.)⁷)....

Timbre

(Nom du souscripteur)⁶)

1) Clause à ordre. 2) Lieu et date de l'émission. 3) Échéance. 4) Somme à payer. 5) Nom du bénéficiaire. 6) Signature du souscripteur. 7) Valeur fournie (reçue). 8) Mention de lettre de change (pas d'usage).

XVI. Anfertigung folgender eigener Wechsel, ausgestellt am 15. Januar; Wechselbetrag je 365 Franken:

| Ausstellungsort: | Verfalltag: | Wechselnehmer: | Aussteller: |
|---|---|---|---|
| a) Grasse, | Au 5 mai prochain. | Henri Legrand. | Adrien Girot. |
| b) Vesoul, | Au 15 février prochain. | Lucien Besson. | Camille Garnier. |
| c) Belfort, | Au 1ᵉʳ mars prochain. | Paul Godart. | Jacques Morel & Cⁱᵉ. |
| d) Agen, | Au 12 avril prochain. | Emile Gérard. | Louis Dumas & Cⁱᵉ. |
| e) Evreux, | Au 30 juin prochain. | Marcel Mouchet. | Potel Frères. |
| f) Tulle, | Au 20 avril prochain. | Jean Bertier. | Gonin & Fils. |

## Der gezogene Wechsel (Tratte, Ziehung, Entnahme).

### Wesentliche Erfordernisse des gezogenen Wechsels.

Der gezogene Wechsel ist eine Urkunde, durch welche eine Person (Aussteller, Traffant tireur) eine andere Person (Bezogener, Traffat tiré) beauftragt, an einen Dritten (Wechselnehmer, Remittent bénéficiaire) oder an dessen Order (Orderklausel clause à ordre), eine festgesetzte Summe (Betrag montant) zu einem angegebenen Zeitpunkt (Verfallzeit échéance) zu zahlen.

Die wesentlichen Angaben des gezogenen Wechsels sind:

| in Deutschland: | in Frankreich: |
|---|---|
| 1. Wechselklausel; | 1. Orderklausel; |
| 2. Ausstellungsdatum; | 2. Ausstellungsdatum; |
| 3. Verfallzeit; | 3. Verfallzeit; |
| 4. Wechselbetrag; | 4. Wechselbetrag; |
| 5. Zahlungsort; | 5. Zahlungsort; |
| 6. Name des Remittenten; | 6. Name des Remittenten; |
| 7. Name des Bezogenen; | 7. Name des Bezogenen: |

| | |
|---|---|
| 8. Unterschrift des Ausstellers; | 8. Unterschrift des Ausstellers |
| 9. Wertempfangsbekenntnis; | 9. Valutaklausel; |
| 10. Orderklausel. | 10. Wechselklausel. |

Orderklausel; Valutaklausel. Die Orderklausel „an die Order von" und das Wertempfangsbekenntnis „Wert empfangen in" sind in Frankreich erforderlich; in Deutschland sind sie nicht nötig.

Wechselklausel. Die in Deutschland erforderliche Wechselklausel „für (gegen) diesen Primawechsel" wird in Frankreich nicht gefordert.

Eigene und fremde Order. Der Wechsel kann gestellt sein an:

Order des Ausstellers, Order von $\frac{\text{mir}}{\text{uns}}$ selbst, (ordre de $\frac{\text{moi}}{\text{nous}}$ même[s])

Order des Remittenten (Order des Herrn..... ordre de M....)

Deckungsklausel, Berichtsklausel. Die Aufforderungen „und stellen es auf Rechnung" (Deckungsklausel mention de la provision [couverture]) und die Bemerkungen „laut Bericht" oder „ohne Bericht" (Berichts-[Avis-]klausel mention de l'avis) werden vom Aussteller an den Bezogenen gerichtet. Diese Angaben gehören weder in Frankreich noch in Deutschland zu den Erfordernissen des Wechsels.

Zahlstelle, Domizil. Der Wechsel ist in der Regel am Wohnorte des Bezogenen zahlbar, aber er kann domiziliert (être domicilié) das heißt am Wohnorte eines Dritten mit der Zahlung Beauftragten zahlbar gestellt werden. Die Domizilierung (domicilation) muß auf dem Wechsel angegeben sein. Der Domizilvermerk (domicile) wird unter der Adresse des Bezogenen (Zahlbar bei... payable chez...) angeführt. Der mit der Einlösung des Domizilwechsels beauftragte Dritte heißt Domiziliat (domiciliataire).

Fälligkeitszeit. Der Verfallzeit nach unterscheidet man:

a) Tagwechsel oder Präziswechsel lettres de change à jour fixe ou à date;
sie sind an einem bestimmten Kalendertage fällig:
Am 30. Juni (Ende [ultimo] Juni) ds Js zahlen Sie....

b) Datowechsel lettres de change à délai de date;
sie sind nach Ablauf einer bestimmten vom Ausstellungstage an laufenden Frist fällig:
Zwei Monate dato zahlen Sie.....

c) Sichtwechsel (lettres de change à vue ou à présentation;
sie sind bei Sicht (bei Vorzeigung) fällig:
Bei Sicht (bei Vorzeigung) zahlen Sie.....

d) Zeitsichtwechsel (lettres de change à délai de vue); sie sind nach Ablauf einer mit der Vorzeigung beginnenden Frist fällig:

14 (Vierzehn) Tage nach Sicht zahlen Sie.....

***Gezogener Wechsel.***

(Ort der Ausstellung) *den* (Tag der Ausstellung) [2] *19..* *Für*

*Am* ........(Fälligkeitstermin) [3]........ *zahlen Sie* $\frac{\textit{für}}{\textit{gegen}}$ *diesen Primawechsel* [1])

*an die Order* [10]) *von* ........(Name des Remittenten) [6]........ *die Summe von*

(Wechselsumme) [4])

*den Wert* (in Rechnung, Waren usw.) [9]) *und stellen ihn auf Rechnung* $\frac{\textit{laut}}{\textit{ohne}}$ *Bericht.*

*Herr* ........(Name des Bezogenen) [7]........ (Unterschrift des Ausstellers) [8])

*in* ........(Zahlungsort) [5]........

*No.*

(Annahmevermerk des Bezogenen)

1) Wechselklausel. 2) Ort und Tag der Ausstellung. 3) Verfallzeit. 4) Wechselsumme. 5) Zahlungsort. 6) Name des Remittenten. 7) Name des Bezogenen. 8) Unterschrift des Ausstellers. 9) Valutaklausel. 10) Orderklausel.

***Lettre de change.***

(Lieu de création) *le* (Date de l'émission) [2]) *19..* *B. P. F.*

*A* (Epoque de paiement) [3]) *veuillez payer* $\frac{\textit{contre}}{\textit{par}}$ *cette première de change* [10])

*à l'ordre de* [1]) *M* ........(Nom du bénéficiaire [6])........ *la somme*

*de* (Somme à payer) [4]

*Valeur* ........(en compte, en marchandises, etc.) [9])........ *que passerez* $\frac{\textit{suivant}}{\textit{sans}}$ *avis de*

*M* ........(Nom du tiré) [7])........ (Signature du tireur) [8])

........(Lieu du paiement) [5])........

Timbre mobile

*No.*

(Acceptation. Signature du tiré)

1) Clause à ordre. 2) Lieu et date de l'émission. 3) Échéance. 4) Somme à payer. 5) Lieu du paiement. 6) Nom du bénéficiaire. 7) Nom du tiré. 8) Signature du tireur. 9) Valeur fournie (reçue). 10) Mention de lettre de change.

XVII. Anfertigung folgender in Paris am 1. April 19.. gezogenen Wechsel:

| | Verfallzeit: | Orderklausel: | Beträge: | Valuta: |
|---|---|---|---|---|
| a) | 3 Monate dato; | Eugène Delarue. | Fr. 125.10; | Wert in bar; |
| b) | Am 30. Juni d. J.; | Coudray & Cie. | „ 636.50; | „ „ Waren; |
| c) | Ende Juni d. J.; | Jobard & Fournier. | „ 169.70; | „ „ Rechnung; |
| d) | 90 Tage dato; | Duval Frères. | „ 890.25; | „ „ bar; |
| e) | 90 Tage nach Sicht. | Vve Dupont & Fils. | „ 540.30; | „ „ Rechnung; |

| Bezogene und Zahlungsorte: | Aussteller und Ausstellungsorte: |
| --- | --- |
| Remi Léonard, Toulon (Var). | René Girot, Paris. |
| Gautier & Bally, Vesoul (Hte Saône). | Camille Garnier, Lyon. |
| Boucher & Cie, Caen (Calvados). | Morel et Cie, Rouen. |
| Henri Tissot, Chambéry (Savoie). | Potel frères, Tulle. |
| Victor Granger, Troyes (Aube). | Dumas & Gonin, Bordeaux. |

**Die Annahme des Wechsels.** Der Hauptschuldner beim gezogenen Wechsel, der Bezogene, ist zur Zahlung erst verpflichtet, wenn er den Wechsel angenommen hat.

Die Annahme (acceptation) der Tratte erfolgt durch Querschreiben des Namens des Bezogenen auf der vorderen, linken Seite der Urkunde. Der in Deutschland ins Belieben der Akzeptanten gestellte Zusatz: „angenommen" (akzeptiert, gut für, accepté) ist in Frankreich zur Gültigkeit der Annahme erforderlich. Durch die Annahme wird der Wechsel zum Akzept (traite acceptée), der Bezogene zum Akzeptanten (accepteur).

**Protest mangels Annahme.** Verweigert der Bezogene die Annahme (refuser d'accepter), so muß diese Weigerung binnen (dans le délai de) 24 Stunden (nicht am zweiten Werktage [le deuxième jour ouvrable] wie in Deutschland), durch einen Gerichtsvollzieher (huissier) festgestellt werden; der Wechsel muß mangels Annahme protestiert werden (traite protestée faute d'acceptation).

**Die Begebung des Wechsels.** Jeder Inhaber eines Wechsels (porteur de traite) kann sein Besitzrecht daran auf andere übertragen. Die Begebung (transmission) erfolgt durch Indossieren.

Das Indossament (Giro) ist ein auf der Rückseite des Wechsels angebrachter Vermerk:

Für (mich / uns) an die Order des Herrn (Indossatar, Girat / nom du cessionnaire) .......

Wert in Rechnung — Unterschrift (Giranten, Indossanten / endosseur cédant.)

Ort und Datum.

Das Wertempfangsbekenntnis ist in Frankreich erforderlich, um das Indossament gesetzlich zu machen. Der Wert muß bezeichnet sein: Wert in Waren, — in Rechnung, — in bar usw.

**Stempelpflichtgebühren.** In Deutschland und in Frankreich unterliegen gezogene und trockene Wechsel, bevor sie in Umlauf gesetzt werden, einer Stempelabgabe, die sich nach der Höhe der Wechselsumme richtet. In beiden Ländern beträgt diese Stempelgebühr $^1/_2$ vom 1000.

In Deutschland ist eine Stufenfolge von je 10 Pfennig für 200 Mark und darunter vorgesehen; in Frankreich eine solche von 5 Centimes für je 100 Franken und darunter.

In Deutschland ist die Marke auf der Rückseite des Wechsels, über dem ersten Indossament aufzukleben; in Frankreich wird sie auf der Vorderseite der Tratte rechts unter der Unterschrift des Ausstellers angebracht.

In Deutschland erfolgt die Entwertung der Stempelmarken durch die mit schwarzer Tinte bewirkte Eintragung des Entwertungsdatums; in Frankreich kann sie mittels Unterschrift oder Namensstempel erfolgen, muß aber Ort, Datum und Namen des Ausstellers tragen.

## Indossamente und Quittung.

| | |
|---|---|
| Deutscher Wechsel-Stempel.<br>M 0,50<br>Von mehr als 800 bis 1000 Mark<br>den (..Tag ...Monat) 19.. | Der französische Stempel befindet sich auf der Vorderseite des Wechsels. |
| Zur Verfügung des Herrn<br>Franz Kind.<br>Ernst Flügel. | Payez à l'ordre de<br>Monsieur Ernest Dalbert.<br>Valeur en compte.<br>Limoges, le 2 janvier 19..<br>Louis Thérion. |
| Für mich an die Order der<br>Herren Brandt & Söhne.<br>Wert in Rechnung.<br>Franz Kind. | Payez à l'ordre de<br>Messieurs Brandon & Fils<br>Valeur en compte.<br>Paris, le 12 janvier 19..<br>Ernest Dalbert. |
| An die Order der Deutschen Bank.<br>Wert in Rechnung.<br>Brandt & Söhne. | Payez à l'ordre du<br>Crédit Lyonnais.<br>Valeur en compte.<br>15 janvier 19..<br>Brandon & Fils. |
| Betrag empfangen.<br>Deutsche Bank. | Pour acquit.<br>Crédit Lyonnais. |

**Zahlung des Wechsels; Empfangsbestätigung.** Der letzte Inhaber hat zur angegebenen Verfallzeit den quittierten Wechsel vorzulegen (présenter) und ihn dem Bezogenen auszuhändigen (remettre, rendre), wenn dieser ihn einlöst (acquitter), ihm gute Aufnahme bereitet (réserver bon accueil à), ihn honoriert (faire honneur à sa signature).

**Protest mangels Zahlung.** Wenn der Bezogene nicht zahlt, so muß die Zahlungsweigerung (refus de payer) binnen 24 Stunden durch einen Gerichtsvollzieher (huissier) festgestellt, der Wechsel muß mangels Zahlung protestiert (protester faute de paiement) werden.

Der Protest mangels Zahlung (protêt faute de paiement) ist eine Urkunde, welche umfaßt:

1. die buchstäbliche Abschrift des Wortlauts (transcription littérale du libellé), der Indossamente und Bemerkungen;
2. die Zahlungsaufforderung (la sommation de payer);
3. die Erklärung des Gerichtsvollziehers über Abwesenheit oder Anwesenheit (absence ou présence) des Bezogenen;
4. die Gründe für die Zahlungsweigerung (motifs du refus de payer).

## XVIII. Anfertigung folgender Indossamente:

Datum des ersten Giro: 2. April 19...
den Wert in Rechnung;
Tag der Einziehung: 30. Juni 19...;
Quittung des letzten Inhabers.

| Remittenten u. erste Giranten: | Zweite Giranten: | Letzte Inhaber und Einzieher: |
|---|---|---|
| a) Eugène Delarue, Limoges; | Louis Thérion, Nîmes; | Jules Breton, Toulon (Var). |
| b) Coudray & Cie, Paris; | E. Moudon, Bordeaux; | Vallé frères, Vesoul (Hte Saône). |
| c) Jobard & Fournier, Lyon; | Gme Girard, Marseille; | Vaissier & Cie, Caen (Calvados). |
| d) Duval frères, Carcassonne; | Perrier frères, Grenoble; | Dubreuil aîné, Chambéry (Savoie). |
| e) Ve Dupont & Fils, Perpignan; | Dufour & Cie, Lille; | Claude Hervé, Troyes, (Aube). |

## Barzahlungsschecks, Verrechnungsschecks, Überweisungsschecks.

Der Barzahlungsscheck, der Verrechnungsscheck und der Überweisungsscheck sind Zahlungsmittel, keine Kreditpapiere.

Der **Barzahlungsscheck** (weißer Scheck chèque) dient dem Aussteller dazu, Barbeträge aus seinem verfügbaren Guthaben abzuheben oder abheben zu lassen.

Der **Verrechnungsscheck** (gekreuzter Scheck chèque barré, chèque croisé) ist ein Scheck, der nicht in bar ausgezahlt, sondern durch eine Bank abgehoben (verrechnet) werden soll.

Zu diesem Zwecke wird der Scheck auf der Vorderseite mit zwei parallelen Querstrichen versehen, zwischen denen „Nur zur Verrechnung" (.... et Cie) steht.

Der **Überweisungsscheck** (roter Scheck mandat de virement, bon de virement, mandat rouge) dient dem Aussteller dazu, einen Betrag von seinem Konto auf ein anderes Konto zugunsten des Zahlungsempfängers (bénéficiaire) übertragen zu lassen.

**Verwendung der Schecks.** Die Girobank (banque dépositaire des fonds) eröffnet ihren Kunden (titulaire) ein Girokonto (compte courant avec faculté d'escompte) und übergibt ihm ein Scheckbuch (carnet de chèques, chéquier), das eine bestimmte Anzahl Scheckformulare (formules de chèques) enthält, die die Nummer seines Kontos tragen.

Der Girokontoinhaber füllt die weißen Stellen des Schecks und der Stammleiste (souche) aus, indem er den Ausstellungstag, den zu zahlenden Betrag und den Namen des Zahlungsempfängers einträgt und seine Unterschrift darunter setzt.

**Inhaberschecks, Namenschecks, Orderschecks.** Schecks für Barentnahmen können auf den Inhaber (chèque au porteur) oder auf den Namen (à une personne dénommée), lauten. Der Inhaberscheck (chèque au porteur) ist durch bloße Aushändigung übertragbar, der Namenscheck (chèque nominatif) wird durch Indossament übertragen (Orderscheck chèque à ordre).

**Vorlegungsfrist, Stempel, Quittung.** Der auf den Ausstellungsort selbst lautende Scheck (Platzscheck chèque sur place) muß binnen fünf Tagen, der auf einen anderen Ort gezogene Scheck (Fernscheck chèque de place à place) muß binnen acht Tagen (Ausstellungstag mitgerechnet) zur Zahlung vorgelegt werden.

Der Scheckstempel beträgt zehn Centimes für Platzschecks, zwanzig Centimes für Fern- und Ausland-schecks.

Der Scheck muß vom Zahlungsempfänger quittiert werden, selbst wenn er auf den Inhaber lautet; die Quittung muß datiert sein.

### Wesentliche Erfordernisse für den:

| deutschen Scheck (Gesetz vom 1. April 1908): | französischen Scheck (Gesetz vom 14. Juni 1865): |
|---|---|
| a) Schecks können nur auf Banken und Anstalten öffentlichen Rechts gezogen werden; | a) Schecks können auf jedermann, Kaufmann oder Nichtkaufmann, ausgestellt werden; |
| b) die Scheckklausel ist erforderlich; | b) die Scheckklausel ist überflüssig; |
| c) die Guthabenklausel ist wesentlich; | c) die Guthabenklausel ist unnötig; |
| d) der Ausstellungstag ist in Ziffern anzugeben; | d) der Ausstellungstag ist auszuschreiben; |
| e) die Vorlegungsfrist beträgt zehn Tage für Platzschecks und für Fernschecks; | e) die Vorlegungsfrist beträgt fünf Tage für Platzschecks und acht Tage für Fernschecks; |

f) der Fixstempel beträgt zehn Pfennige für Platz- und Fernschecks, ohne Rücksicht auf Zahlungsort und Höhe der Schecksumme.

f) der Fixstempel beträgt zehn Centimes für Platzschecks, 20 Centimes für Fernschecks und Auslandschecks.

*Kontrollabschnitt. Abschnitt. Scheck. Barzahlungsscheck.*

No. 11030.

(Ort u. Tag d. Ausstllg.) 19..

An (Zahlungsempfänger)

Contostand ..
Deponiert ...
Zus. ......
Dieser Scheck
Bestand ....

Bank für Handel und Industrie.

(Ausstellungsort) *den* (Ausstellungstag) *19..* *M* (Betrag in Ziffern)

*Die Bank für Handel und Industrie*

*(Darmstädter Bank) Filiale* (Zahlungsort) Stempel-Marke.

*wolle zahlen gegen diesen Scheck aus* *meinem/unserem* *Guthaben*

*an* (Zahlungsempfänger, Überbringer, Aussteller, Order) *oder Überbringer*

*Mark* (Betrag in Buchstaben)

No. 11030. (Unterschrift des Ausstellers)

Schecks, in welchen der Zusatz „oder Überbringer“ durchstrichen oder eine „Zahlungsfrist“ angegeben ist, werden nicht bezahlt.

*Talon. Souche.* *Volant. Coupon. Chèque.*

*Cie No.* (Compte)

(Lieu de date) *19..*

*Fcs* (Somme)

*O/* (Bénéficiaire)

*Sie 51 No. 587*

Comptoir National d'Escompte.

*Cie No.* (Numéro du compte)

(Lieu de création) *le* (Date d'émission) *19.. Frs* (Somme en chiffres)

Dater en toutes lettres.

*Comptoir National d'Escompte de Paris.*

Société Anonyme au Capital de Fr. 100000000.

Agence de (Lieu de paiment) Timbre.

*Payez à* (Bénéficiaire: porteur, moi-même; ordre de)

Indiquer si le chèque est à ordre ou au porteur.

*la somme de* (Somme en toutes lettres)

Srie 51 No. 587. (Signature du tireur)

## XIX. Anfertigung folgender Barzahlungsschecks:

| | Ausstellungsort und Tag: | | | Name und Sitz der bezogenen Bank: |
|---|---|---|---|---|
| a) | Lyon, | 5. März | 19..; | Banque de France, Lyon; |
| b) | Lille, | 10. April | 19..; | Comptoir National d'Escompte, Lille; |
| c) | Calais, | 16. Mai | 19..; | Crédit Lyonnais, Lorient; |
| d) | Toul, | 18. Juni | 19..; | Société Générale, Nancy; |
| e) | Lagny, | 22. August | 19..; | Banque de France, Meaux; |

| | Schecksumme: | Zahlungsempfänger: | Aussteller: |
|---|---|---|---|
| a) | Fr. 416.50; | Pascal frères; | Jules Grenet. |
| b) | „ 188.70; | Collin & Cie; | Henri Antoine. |
| c) | „ 245.30; | Benoit jeune; | Louis Pommier. |
| d) | „ 819.75; | Aubert aîné; | Léon Verger. |
| e) | „ 347.15; | Lagarde Père et fils; | René Pareau. |

Die Schecks sind auf die angegebenen Namen und gleichzeitig „an Order oder Überbringer“ zu stellen.

Verwendung des Überweisungsschecks. Bei der Banque de France ebenso wie bei der Reichsbank wird der Auftrag, eine Summe vom Guthaben eines Kontoinhabers auf das Guthaben eines andern Girokunden zu übertragen, auf besonderen Formularen erteilt.

Die dazu bestimmten Formulare (Überweisungsschecks bon (bulletin) de virement) haben Scheckformat und sind auf rosa Papier gedruckt, sie werden deshalb rote Schecks (mandats rouges) genannt.

***Überweisungsscheck; roter Scheck.***

*Stammleiste.* | *Abschnitt.*

Nr. C. 3383051

*M* ........ (Betrag)

*den* (Datum) *19..*

........ (Firma)

(Wohnsitz des Zahlungsempfängers) ........

REICHSBANK.

N. C. 3383051 *Betrag* ........ *M* ........ *Pf*

*Die Reichsbank wolle dem Konto von*

(Name des Empfängers) ........ *in* (Wohnort des Empfängers) ........

*bei der Reichsbank in* (Sitz der Bankstelle) ........

*Mark* (Zu überschreibender Betrag)

*gutschreiben und dafür belasten das Konto von*

(Firmenstempel) ........ (Unterschrift des Ausstellers) ........

(Ort der Ausstellung) ........ *den* (Tag der Ausstellung) ........ *19..*

### *Bon de virement; Mandat rouge.*

*Talon.* — *Volant.*

| Talon | | Volant |
|---|---|---|
| No. 181922 | BANQUE·DE·FRANCE | *Virement pour Fr.* |
| | | No.181922 (Lieu de création) *le* (Date de la création) *19..* |
| *M*............... | | *La Banque de France est priée de porter* |
| *Fr.* (Montant) | | *au crédit de M* ..........(Nom du bénéficiaire).......... |
| | | *la somme de* ..........(Montant du virement).......... |
| *le*...(Date)... *19..* | | *dont elle débitera le compte de*..........(Tireur).......... |
| | | (Signature du tireur) .......... |

## XX. Anfertigung des Wortlauts für Überweisungsschecks.

Man verwende die unter Nr. XIX für Barzahlungsschecks gemachten Angaben.

## Anschaffungsanzeigen.

Die Regelung einer Schuld kann von Hand zu Hand oder durch Schriftwechsel geschehen.

Regelungen von Hand zu Hand erfolgen durch Einzahlung des Geldes in klingender Münze oder in Banknoten.

Regelungen im schriftlichen Verkehr erfolgen durch Einsendung von Wertpapieren. Der Kaufmann nennt Geldsendungen, die zur Begleichung einer Schuld bestimmt sind „Anschaffungen".

Der Anzeigebrief, welcher den Barsendungen beiliegt, gibt den Betrag und den Grund der Anschaffung an und ersucht den Empfänger um Empfangsbestätigung.

Die Zahlung erfolgt voll, wenn die ganze Schuld beglichen wird; die Zahlung erfolgt teilweise, wenn nur ein Teil der Schuld beglichen wird.

Um eine Vollzahlung anzuzeigen, bedient man sich der Ausdrücke: „Zum Ausgleich von (pour solde de), zur Regelung von, zur Begleichung von (en règlement de), ausgleichen (solder), begleichen (régler)".

Um eine Teilzahlung anzukündigen, gebraucht man die Wendungen: „Als Abschlagszahlung auf (à valoir sur)" abschläglich (a conto, à compte sur).

## Anschaffungsanzeigen:

| | |
|---|---|
| 1. Zum Ausgleich Ihrer Rechnung vom . . . übersende ich Ihnen: ℳ 400.—, um deren gefl. Gutschrift ich bitte. | 1. En règlement de votre facture du . . ., je vous remets: Fr. 400.—, en billets de banque, que veuillez porter au crédit de mon compte. |
| 2. Beiliegend empfangen Sie: ℳ 285.50, in bar und Marken zur Ausgleichung Ihrer Rechnung vom . . . | 2. Vous trouverez, sous ce pli: Fr. 285.50, en billets de banque et timbres, pour solde de votre facture du . . . |
| 3. Einliegend empfangen Sie: ℳ 365.75, zur gefl. Gutschrift und Begleichung Ihrer Rechnung vom . . . | 3. Veuillez trouver ci inclus: Fr. 365.75, que veuillez porter à mon crédit, en règlement de votre facture du . . . |
| 4. Sie empfangen hiermit eingeschrieben: ℳ 1018.40, auf Paul Robert, dort, womit wir Ihre Rechnung vom . . . auszugleichen bitten. | 4. Nous vous envoyons, sous ce pli recommandé: Fr. 1018.40, sur M. Paul Robert de v/v., pour solder votre facture du . . . |
| 5. Die Ihnen durch Postanweisung übermittelten: ℳ 116.50 bitten wir unter Bestätigung zum Ausgleich Ihrer Rechnung vom . . . zu benutzen. | 5. Nous vous adressons, par mandat de poste: Fr. 116.50, pour solde de votre facture du . . . Veuillez nous en créditer, sous avis. |
| 6. In der Falte übersende ich Ihnen: ℳ 322.10, womit Sie Ihre Rechnung vom . . . u. A. zu begleichen belieben. (u. A. = unter Anzeige). | 6. Sous ce pli, je vous envoie, en règlement de votre facture du . . .: Fr. 322.10, dont veuillez me créditer, sous avis. |

### XXI. Anfertigung folgender Anschaffungsanzeigen:

Zahler: 1. Paul Larrouy, Cette (Hérault); 2. J. Favre et fils, Angoulême (Charente).

Zahlungsempfänger: 1. René Gérard, Dijon (Côte d'or); 2. Erard & Buffon, Mirecourt (Vosges).

a) Fr. 400.—, in bar (en billets de banque gekürzt B.B.);

b) Fr. 285.50, in bar (B.B.) und Marken zum Rechnungsausgleich;

c) Fr. 365.75, Scheck zum Ausgleich der Rechnung vom . . .;

d) Fr. 1018.40, Wechsel auf Lalande & C[ie], Angoulême;

e) Fr. 116.50, Postanweisung, mit der Bitte um Gutschrift;

f) Fr. 322.10, in bar (B.B.) und Marken, zum Rechnungsausgleich.

## Empfangsbestätigungen, Quittungen.

Der Gläubiger, der Geld in Zahlung erhält, ist verpflichtet, schriftlich darüber Quittung auszustellen. Quittung kann auf der Urkunde selbst, die die Schuld feststellt: Rechnung, Rechnungsauszug, Scheck, Wechsel usw., erteilt werden; in diesem Fall bedient man sich der Worte: pour acquit Betrag erhalten.

Quittung kann auch auf einem Zettel oder einem vorgedruckten Formular ausgestellt werden. Dieses Schriftstück muß den Namen des Zahlers, den gezahlten Betrag und den Tag der Zahlung enthalten und vom Zahlungsempfänger unterzeichnet sein.

Der Franzose nennt:

„acquit" die unter der Schuldurkunde erteilte Quittung;
„reçu" die auf besonderem Zettel ausgestellte Quittung;
„accusé de réception", die in Briefform gegebene Quittung;
„récépissé" den Schein, durch den man bekennt, irgend etwas in Verwahrung genommen zu haben.

Um sich zur Zahlung der ganzen Summe zu bekennen, verwendet man die Ausdrücke: pour acquit Betrag erhalten; reçu pour solde de zum Ausgleich empfangen; reçu en règlement zur Begleichung erhalten.

Um den Empfang einer Abschlagszahlung festzustellen, bedient man sich der Wendungen: reçu à valoir sur abschläglich (auf Abschlag) erhalten; reçu à compte sur als Abschlagszahlung empfangen.

## Briefliche Zahlungsbestätigungen:

1. Die mir gestern in Banknoten übermittelten:

   ℳ 400.—

   habe ich Ihrem Konto dankend gutgebracht.
2. Mit dem uns heute in bar und Marken übersandten Betrag von:

   ℳ 285.50

   haben wir unsere Rechnung vom . . . dankend beglichen.
3. Ihrem gestrigen Schreiben entfaltete ich einen Scheck von:

   ℳ 365.75,

   womit ich verbindlichst dankend meine Rechnung vom . . . ausgeglichen habe.
4. Die uns gestern eingeschrieben überwiesenen:

   ℳ 1018.40

   benutzten wir bestens dankend zur Ausgleichung unseres Guthabens vom . . .
5. Durch Postanweisung empfingen wir für Ihre Rechnung:

   ℳ 116.50,

   für die wir Sie Wert heute erkannten.
6. Die mir am . . . in bar und Marken übersandten:

   ℳ 322.10

   habe ich zur Ausgleichung meiner Rechnung vom . . . verwendet.

1. J'ai porté au crédit de votre compte:

   Fr. 400.— B.B.

   que renfermait votre lettre d'hier.
2. Votre lettre de ce jour contenait:

   Fr. 285.50,

   en billets de banque et en timbres, pour solde de notre facture du . . .
3. J'ai retiré de votre lettre d'hier un chèque sur notre place de:

   Fr. 365.75

   dont je me suis servi pour solder ma facture du . . . dernier.
4. Votre lettre chargée d'hier nous a remis:

   Fr. 1018.40

   que nous avons portés à votre crédit, pour solde de notre facture du . . .
5. Nous avons bien reçu votre mandat de poste de:

   Fr. 116.50

   dont nous vous créditons, valeur ce jour.
6. Votre lettre du . . . renfermait:

   Fr. 322.10,

   en billets de banque et en timbres, pour solde de ma facture du . . .

In Frankreich unterliegen Quittungen und Empfangsbestätigungen über jeden 10 Franken übersteigenden Betrag, mögen sie unter der

Rechnung oder in anderer Form erteilt werden, einer festen Gebühr von 10 Centimes für Quittungsstempel. Der Stempel ist vom Zahler zu entrichten.

### *Quittung.*

ℳ

*mit Buchstaben Mark* (Zahlungsbetrag)

*von* ............ (Name des Zahlers) ............

*für Rechnung* ............ (Name des Auftraggebers) ............

............

*erhalten zu haben, bescheinigt hiermit*

(Ort der Ausstellung) *den* (Tag der Ausstellung) *19 . .*

............ (Unterschrift des Empfängers) ............

### *Reçu.*

Fr.

*Reçu de* ............ (Nom du payeur) ............

*pour compte de* ............ (Nom du commettant) ............

............

*la somme de* (Montant du paiement)

............

(Lieu de création) *le* (Date de la création) *19 . .*

10 c. Quittances Reçus et Décharges.

............ (Signature de l'encaisseur) ............

## XXII. Anfertigung folgender Empfangsbestätigungen:

Zahlungsempfänger:
1. René Gérard, Dijon (Côte d'or);
2. Erard & Buffon, Mirecourt (Vosges).

Zahler:
1. Paul Larrouy, Cëtte (Hérault);
2. J. Favre et fils; Angoulême (Charente).

a) Fr. 400.—, in bar;
b) Fr. 285.50, in bar und Marken;
c) Fr. 365.75, Scheck auf Crédit Lyonnais;
d) Fr. 1018.40, Wechsel auf Lalande & C$^{ie}$, Angoulême;
e) Fr. 116.50, Postanweisung;
f) Fr. 322.10, in bar und Marken.

## Einziehung von Erkundigungen. Zahlungsaufforderungen.

Einziehung von Auskünften. Der Kredit spielt eine große Rolle bei allen Handelsgeschäften. Besonders im Warengeschäft ist der Verkäufer fast immer gezwungen, dem Käufer die Zahlung zu stunden, ohne Sicherheit für pünktliche Erlegung des Kaufpreises zu der vereinbarten Frist fordern zu können. Schuldforderungen für Waren werden deshalb als „ungedeckte Außenstände" (découverts) bezeichnet.

Der Verkäufer hat also alle Veranlassung, sich über die Kreditwürdigkeit des Käufers genau zu unterrichten. Zu diesem Zwecke kann er sich an eine Auskunftei (Auskunftsstelle) wenden, die ihm gegen Gebühren den gewünschten Aufschluß über die Vermögensverhältnisse und den Ruf des Kreditnehmers gibt. Statt dessen kann er seine Bitte um Auskunft auch an sein Bankhaus oder an einen Geschäftsfreund richten.

In solchen Fällen pflegt man dem Empfänger im voraus für die Mühe, die man ihm verursacht, zu danken, ihm Verschwiegenheit zu versprechen und sich zu Gegendiensten bereit zu erklären.

### Anfragen über Kreditwürdigkeit.

| | |
|---|---|
| 1. Ich gestatte mir, Sie um Ihre Ansicht über die Kreditwürdigkeit der Firma ... dort, zu ersuchen. | 1. Je viens vous demander votre avis sur la solvabilité de la maison ...... de votre ville. |
| 2. Sie würden uns sehr zu Dank verpflichten, wenn Sie uns so genau wie möglich über die Höhe des Kredits unterrichten wollten, den man der Firma ..., dort, unbedenklich gewähren könnte. | 2. Vous nous obligeriez beaucoup en nous renseignant, aussi exactement que possible, sur le chiffre de crédit à accorder, sans hésitation, à la maison ... de votre ville. |

3. Ich möchte gern streng vertraulich zuverlässige Auskunft über den Ruf und die Zahlungsfähigkeit der weiter unten genannten Firma haben und ersuche Sie, mir Ihre Meinung offen mitzuteilen. Sie dürfen überzeugt sein, daß ich Ihnen meinerseits stets gern gefällig bin und daß Sie auf meine Verschwiegenheit und auf meine Dankbarkeit zählen können.

3. Je voudrais obtenir, à titre confidentiel, des renseignements positifs sur la réputation et la solvabilité de la maison indiquée au bas de la présente; veuillez me dire franchement votre avis à ce sujet. — Soyez certain que, de mon côté, je serai toujours très heureux de vous rendre pareil service et que vous pouvez compter sur ma discrétion et ma reconnaissance.

4. Gestatten Sie uns, Sie um Auskunft darüber zu bitten, welches Vertrauen die Herren ... dort genießen, die mich um einen ungedeckten Kredit von 50000 Franken ersuchen. Auf meine Verschwiegenheit dürfen Sie bauen, auch bin ich zu Gegendiensten jederzeit gern bereit.

4. Permettez nous de vous demander quelques renseignements sur le degré de confiance que méritent MM... de v. v., qui me demandent un crédit à découvert de 50000 francs. Veuillez compter sur ma discrétion et disposer de mes services aussi souvent qu'il y aura lieu.

5. Unter dem Siegel der Verschwiegenheit und im Vertrauen auf Ihre Gefälligkeit möchte ich Sie um genaue Auskunft über die Zahlungsfähigkeit der auf beiliegendem Zettel genannten Firma ersuchen. Ich möchte wissen, bis zu welchem Betrage man ihr in völliger Sicherheit Kredit gewähren kann und was man über ihre Geschäftsführung sagt.

5. Sous le sceau de la discrétion, je viens solliciter de votre obligeance des renseignements détaillés au sujet de la solvabilité de la maison nommée sur la fiche ci jointe. Je voudrais savoir quel chiffre de crédit on pourrait lui accorder en toute sécurité et ce qu'on dit de sa façon de traiter les affaires.

6. Im Vertrauen auf Ihre Gefälligkeit und Ihre Verschwiegenheit ersuchen wir Sie, uns über Ruf, Geschäftsführung und Kreditwürdigkeit der auf bei-

6. Nous comptons sur votre amabilité et votre discrétion, en vous priant de nous renseigner sur le renom, la façon d'agir et la solvabilité de la

liegendem Zettel bezeichneten Firma Auskunft zu erteilen. Sie dürfen sich unserer strengsten Verschwiegenheit versichert halten. Im voraus besten Dank für Ihre Gefälligkeit.

maison désignée sur (dans) le bulletin ci joint. Veuillez compter sur notre discrétion absolue et agréer à l'avance tous nos remerciements de votre obligeance.

XXIII. Anfertigung folgender Auskunftsgesuche über eine Firma, die auf einem dem Schreiben beiliegenden Zettel genannt ist. Die Gesuche sind mit vorweg ausgesprochenem Danke und der Zusicherung von Gegendiensten zu versehen.

a) wieviel Kredit kann man der betreffenden Firma gewähren?
b) wie ist ihr Ruf und was hat sie für Geschäftsgepflogenheiten?
c) was hält man von ihrer Kreditwürdigkeit und Zuverlässigkeit?
d) wie steht es um ihr Ansehen und ihre Geschäftsführung?

Auskunftserteilung über Vermögensverhältnisse. Derjenige, welcher Auskunft erteilt, darf nicht vergessen, daß er eine doppelte Verantwortlichkeit übernimmt: zunächst dem gegenüber, den er unterrichtet, sodann denen gegenüber, über die er Auskunft gibt.

Jede Auskunft des Kaufmanns muß wahrheitsgemäß und genügend vollständig sein, damit sie nicht irre führt. Besser man lehnt es ab, Auskunft zu erteilen, als daß man sie leichtfertig gibt.

Selbst bei ganz gewissenhaft erteilter Auskunft ist es üblich, jede Haftung oder Verantwortlichkeit auszuschließen und ausdrücklich den streng vertraulichen Charakter der übermittelten Angaben hervorzuheben.

## Beantwortung von Auskunftsgesuchen.

1. Die genannte Firma genießt am hiesigen Platze allgemeines Vertrauen; ich habe keinerlei Anlaß, ihre Zahlungsfähigkeit anzuzweifeln. Diese Mitteilung ist streng vertraulich und ohne jede Gewähr meinerseits.

1. La dite maison possède sur notre place la confiance générale; je n'ai aucune raison de mettre sa solvabilité en doute. Ce renseignement est fourni à titre confidentiel et sans aucune garantie de ma part.

2. Die früheren Verhältnisse und die Geschäftsgepflogenheiten dieser Firma sind uns völlig unbekannt; es ist uns deshalb

2. Les antécédents et la manière de travailler de cette maison nous sont absolument inconnus; il nous est donc im-

auch nicht möglich, Ihnen Angaben über Höhe des ihr zu gewährenden Kredits zu machen.

possible de vous fixer aucun chiffre pour le crédit qu' on pourrait lui accorder.

3. Der Inhaber der bezeichneten Firma erfreut sich wegen seiner Rechtschaffenheit und Gesinnungstüchtigkeit allgemeiner Wertschätzung. Es scheint indessen, daß die Geldmittel, über die er verfügt, ziemlich beschränkt sind.

3. Le chef de la maison indiquée jouit de l'estime générale pour sa probité et la loyauté de son caractère. Il paraît cependant que les fonds dont il dispose sont assez limités.

4. Ich beeile mich Ihnen mitzuteilen, daß der Ruf der betreffenden Firma ausgezeichnet ist und daß ihr Inhaber allgemeines Vertrauen genießt. Da auch seine Geldmittel sehr bedeutend sind, so können Sie ihm den erbetenen Kredit meines Erachtens in vollster Sicherheit bewilligen.

4. Je m'empresse de vous dire que la réputation de la maison dont il s'agit est excellente et que son chef possède la confiance générale. Comme ses ressources sont très considérables, vous pourrez, à mon avis, lui accorder en toute sécurité le crédit (demandé) qu'elle sollicite.

5. Wir kennen die in Frage stehende Firma nur dem Namen nach. Nach den Mitteilungen, die man uns über sie gemacht hat, zu schließen, dürfte es klüger sein, ihr keinen allzuhohen Kredit zu bewilligen, ohne Sicherheit in Händen zu haben. Wir zählen auf unbedingte Verschwiegenheit.

5. Nous ne connaissons que de nom la maison dont il s'agit. A en juger sur les renseignements que l'on nous donne, il serait prudent de ne pas lui accorder un crédit trop élevé, sans exiger des garanties. Nous comptons sur votre discrétion absolue.

6. Ich muß Ihnen zu meinem Bedauern mitteilen, daß ich die genannte Firma nur sehr wenig kenne. Wie man mir mitteilt, hat sie bisher bei ihren Unternehmungen nicht viel Glück gehabt; auch soll die Geschäftsführung nicht immer völlig einwandfrei gewesen sein.

6. Je regrette d'avoir à vous dire que la dite maison m'est à peu près inconnue. A ce qu' on me dit, elle n'a pas été très heureuse jusqu'ici dans ses entreprises; de plus, sa manière de travailler n'aurait pas toujours été exempte de tout reproche.

## XXIV. Anfertigung folgender Auskünfte

über eine Firma, die nicht genannt wird; die Auskunft erstreckt sich:

a) auf den zu gewährenden Kredit (Auskunft lautet günstig);

b) auf ihren Ruf und ihre Geschäftsgepflogenheiten (Ausweichende Auskunft);

c) auf ihre Zahlungsfähigkeit und Zuverlässigkeit (Vorzügliche Auskunft);

d) auf ihr Ansehen und ihre Geschäftsführung (Auskunft lautet befriedigend).

Zahlungsaufforderungen. Sorgfältige Überwachung der Außenstände ist für den Kaufmann dringend geboten. Sobald ein Schuldner seinen Verpflichtungen zu dem vereinbarten Termine nicht nachkommt, ist er an die rückständige Zahlung zu erinnern.

Zahlungen können verzögert werden:

a) durch Nachlässigkeit; der Schuldner hat den festgesetzten Zahlungstermin übersehen;

b) durch vorübergehende Geldverlegenheit; der Schuldner, ohne zahlungsunfähig zu sein, ist augenblicklich nicht in der Lage, seinen Verpflichtungen nachzukommen;

c) durch Zahlungsunfähigkeit; der Schuldner ist genötigt, seine Zahlungen einzustellen.

Mahnbriefe sollten stets maßvoll abgefaßt werden; selbst böswilligen Schuldnern gegenüber genügt es völlig, die Tatsachen festzustellen.

### Zahlungsaufforderungen.

1. Ende dieses Monats habe ich einige größere Zahlungen zu leisten. Ich wäre Ihnen deshalb sehr dankbar, wenn Sie mir recht bald den Betrag meiner am 30. Juni d. J. fällig gewesenen Rechnung einsenden wollten.

1. A la fin du mois, j'aurai quelques paiements assez importants à faire. Je vous serais très reconnaissant de vouloir bien m'adresser, au plus tôt, le solde de ma dernière facture exigible le 30 juin dernier.

2. Bei Durchsicht unserer Bücher finden wir, daß unsere Rechnungen vom Dezember vorigen Jahres in Höhe von Fr. 857.65 noch unbeglichen sind. Sie würden uns durch umgehende Zusendung dieser Summe sehr zu Dank verpflichten.

2. La vérification de nos livres nous a fait remarquer que nos factures de décembre dernier, s'élevant à Fr. 857.65, n'ont pas été acquittées. Vous nous obligeriez beaucoup par le prompt règlement de cette créance.

3. Ich beehre mich, Ihnen beigeschlossen einen Auszug meiner Ende April d. J. fällig gewesenen Rechnungen im Gesamtbetrage von Fr. 416.15 zu übersenden. Ich erlaubte mir, eine am Ende dieses Monats zahlbare Tratte auf Sie abzugeben, die ich Ihrem Schutze empfehle.

4. Bei Prüfung unserer Außenstände finden wir, daß unsere Rechnung vom 12. September d. J., in Höhe von Fr. 537.60 noch nicht bezahlt ist. Wir werden uns gestatten, diesen Betrag zuzüglich Einziehungsspesen durch Postauftrag auf Sie zu entnehmen, wenn Sie es nicht vorziehen sollten, uns bis Ende der Woche Deckung zugehen zu lassen.

5. Gestatten Sie mir darauf hinzuweisen, daß meine letzte Rechnung vom Mai d. J. am 15. vorigen Monats fällig war. Um mich für den Betrag von Fr. 916.85 zu erholen, habe ich einen Sichtwechsel in gleicher Höhe auf Sie gezogen. Ich werde ihn jedoch erst am 10. d. M. in Umlauf setzen für den Fall, daß Sie vorziehen sollten, mir vorher Deckung einzusenden.

6. Da unsere sämtlichen Briefe unbeantwortet geblieben sind, so sehen wir uns zu unserem lebhaften Bedauern gezwungen,

3. J'ai l'honneur de vous remettre, sous ce pli, le relevé de mes factures échues fin avril dernier, s'élevant à Fr. 416.15. Pour m'en couvrir, j'ai pris la liberté de disposer (fournir, tirer) sur vous, à fin courant. Je recommande cette traite à votre bon accueil.

4. En examinant nos écritures, nous trouvons que notre facture du 12 septembre dernier, s'élevant à Fr. 537.60, n'est pas encore payée. Nous nous permettrons de faire recouvrer cette somme, plus les frais de recouvrement, par la poste, si vous ne préférez pas de régler de vous même, avant la fin de la semaine courante.

5. Permettez moi de vous rappeler que ma dernière facture du mois de mai dernier est échue depuis le 15 du mois passé. Pour me couvrir du montant de Fr. 916.85, j'ai disposé de cette somme sur votre caisse, en mon mandat payable à vue. Je ne mettrai toutefois cet effet en circulation avant le 10 courant, pour le cas où il vous conviendrait de m'adresser le règlement avant cette date.

6. Toutes nos lettres étant restées sans réponse, nous nous verrons, à notre vif regret, dans la nécessité de commencer les

Klage gegen Sie anzustrengen, wenn wir bis Ende dieses Monats nicht im Besitze des Geldes sind.

poursuites judiciaires si, à la fin de ce mois, nous ne sommes pas rentrés dans nos fonds.

### XXV. Anfertigung folgender Mahnungen

wegen einer überfälligen Forderung in Höhe von Fr. 225.60.

Gläubiger: Louis Dubois, Paris;
Schuldner: Leblond & Cie., Lyon;
Fälligkeit: Ende vorigen Monats;

Begleichung:

a) Bitte Anschaffung zu machen;
b) Anzeige, daß man Tratte abgegeben hat;
c) Anzeige, daß man Postauftrag ergehen läßt;
d) Anzeige, daß Klage eingereicht werden wird.

Beantwortung von Zahlungsaufforderungen. Die Zahlungsaufforderung kann begründet oder unbegründet sein. Bei unbegründeten, an einen Schuldner, der bereits bezahlt hat, gerichteten Mahnungen genügt es, den Nachweis für die Zahlungsleistung zu erbringen.

Der Schuldner, der aus Vergeßlichkeit versäumt hat, seine Schuld rechtzeitig abzutragen, wird sich beeilen, seinen Verpflichtungen nachzukommen und zugleich wegen seiner Nachlässigkeit um Verzeihung bitten.

Der Schuldner, der vorübergehend außerstande ist, seine Schuld zu begleichen, wird eine Zahlungsstundung nachsuchen und zugleich einen späteren Zeitpunkt für die Zahlungsleistung vorschlagen.

### Antworten auf Mahnbriefe.

1. Ich bitte sehr um Verzeihung, daß ich den Betrag Ihrer Rechnung nicht bei Verfall beglichen habe. Beigeschlossen finden Sie Fr. 213.15 zur gefälligen Gutschrift.

2. Wir bedauern sehr, daß die Zahlung Ihrer Ende Dezember v. J. fälligen Rechnung durch ein Versehen unseres Beamten verzögert worden ist.

1. Je vous demande bien pardon de ne pas avoir réglé à l'échéance le solde de votre facture. Veuillez trouver, sous ce pli: Fr. 213.15, à mon crédit.

2. Nous sommes très fâchés du retard que le règlement de votre facture de fin décembre a éprouvé par la faute de notre employé.

Wir bitten diesen unbeabsichtigten Irrtum zu entschuldigen und übersenden Ihnen beigeschlossen Fr. 875.65 auf dort mit der Bitte, damit unser Konto unter Anzeige ausgleichen zu wollen.

Nous vous prions d'excuser cette erreur bien involontaire et vous remettons ci inclus Fr. 857.65 sur votre ville; veuillez nous en créditer pour solde et sous avis.

3. Es war mir sehr unangenehm, Sie auf Begleichung der Rechnungen warten zu lassen, von denen Sie mir einen Auszug geschickt haben. Trotzdem ich große Schwierigkeiten habe, meine Außenstände hereinzubekommen, werde ich Ihre Tratte von Fr. 416.15 am Schlusse des Monats, zu Lasten Ihres Kontos, pünktlich einlösen.

3. Je regrette beaucoup (Il m'est très pénible) de vous avoir fait attendre le règlement des factures dont vous m'adressez le relevé. Malgré les grandes difficultés que j'éprouve à opérer la rentrée de mes créances, je ferai honneur à votre traite de Fr. 416.15, fin courant, au débit de votre compte.

4. Mit Ihrem gestrigen Schreiben fordern Sie von uns eine überfällige Zahlung von Fr. 537.60. Wir beehren uns, Sie darauf aufmerksam zu machen, daß wir Ihnen den Betrag am 12. Dezember v. J. mittels Scheck auf den Crédit Lyonnais, dort, zugehen ließen. Wir bitten, den Irrtum richtig zu stellen und uns die Berichtigung anzuzeigen.

4. Par votre lettre d'hier, vous nous réclamez un arriéré de compte de Fr. 537.60. Nous avons l'honneur de vous faire observer que, le 12 décembre dernier, nous vous avons adressé ce solde, par chèque sur le Crédit Lyonnais de v/v. Veuillez redresser l'erreur et nous informer de la rectification.

5. Ich bin sehr erstaunt, daß Sie auf mich gezogen haben, obwohl Ihre Lieferungen unserer beiderseitigen Vereinbarung zufolge erst Ende nächsten Monats zahlbar sind. Zu diesem Zeitpunkt dürfen Sie auf pünktliche Zahlung rechnen.

5. Je suis très surpris que vous ayez disposé sur ma caisse, vos fournitures n'étant payables, suivant nos conventions mutuelles, qu'à la fin du mois prochain. Vous pouvez compter sur mon prompt règlement à cette époque.

6. Es ist uns außerordentlich peinlich, Sie am Schlusse dieses Monats noch nicht befriedigen zu können, weil uns die Zahlungseinstellung mehrerer Kunden große Verluste gebracht hat. Da es sich jedoch nur um eine vorübergehende Geldverlegenheit handelt, so hoffen wir, alle unsere Verbindlichkeiten erfüllen zu können, wenn man uns die Stundung gewährt, die zur Einziehung unserer Außenstände erforderlich ist.

6. Nous sommes désolés de ne pouvoir pas encore vous régler fin courant; la faillite de plusieurs clients nous ayant causé des pertes considérables. Comme il ne s'agit que d'un embarras passager, nous espérons faire honneur à tous nos engagements, si on nous accorde les délais nécessaires pour faire rentrer nos arriérés.

## XXVI. Anfertigung der Antworten auf Mahnbriefe wegen einer Forderung von Fr. 225.60.

Absender: Leblond & Cie, Lyon;
Empfänger: Louis Dubois, Paris;

Inhalt des Briefes:

a) Zusendung des Betrags in bar;
b) Zusicherung die Tratte einzulösen;
c) Hinweis, daß die Zahlung bereits erfolgt ist;
d) Bitte um dreimonatigen Zahlungsaufschub.

# Briefgruppen.

## Articles en cuir. Lederwaren.

### Inhalt der Briefe 1—4.

**1.** Am 15. September 19.. erteilt Louis Ronsard, 22, rue de la République, Lyon, der Firma Durand et C^ie^, Montélimar (Drôme), Auftrag auf verschiedene Lederwaren.

**2.** Am 16. September 19.. schicken Durand et C^ie^, Montélimar, der Firma Louis Ronsard, Lyon, Rechnung über den erhaltenen Auftrag.

**3.** Am 15. Oktober 19.. zahlt Louis Ronsard, Lyon, den Rechnungsbetrag abzüglich 2% Skonto durch Scheck.

**4.** Am 17. Oktober 19.. bekennen sich Durand et C^ie^, Montélimar, zum Empfange des Rechnungsbetrags.

### 1.

Commande.

22, rue de la République, 22
Lyon, le 15 septembre 19..

Messieurs Durand et C^ie^, Montélimar.

Veuillez m'adresser, au plus tôt, en grande vitesse, les articles suivants:

| | | | |
|---|---|---|---|
| 3 douzaines | porte monnaie, mouton anglais . . | à Fr. | 15.— |
| 1 „ | cartables d'écolier, moleskine vernie | à „ | 22.50 |
| 6 pièces | portefeuilles, maroquin . . . . . . . | à „ | 6.50 |
| 4 „ | serviettes, basane . . . . . . . . . . | à „ | 7.50 |
| 2 „ | albums timbres poste, dos maroquin . | à „ | 12.50 |

Je compte sur la prompte exécution de cette commande.

Recevez, Messieurs, mes sincères salutations.

Louis Ronsard.

## 2.

### Lettre facture.

Montélimar, le 16 septembre 19..

**Durand et Cie.**

Monsieur Julius Ronsard, Lyon, Doit

le montant des articles suivants, expédiés en grande vitesse, à ses risques et périls, franco Lyon, payables à Montélimar, à 90 jours, sans escompte, ou à 30 jours, 2 $^0/_0$ d'escompte.

| Marques et numéros: | Quantités: | Désignation des articles: | Prix: | Fr. | C. |
|---|---|---|---|---|---|
| 1 caisse | 3 douz. | portemonnaie, mouton anglais à | 15 — | 45 | — |
| | 1 „ | cartables d'écolier, moleskine vernie à | 22 50 | 22 | 50 |
| D.C.43. | 6 pièces | portefeuilles, maroquin à | 6 50 | 39 | — |
| | 4 „ | serviettes, basane à | 7 50 | 30 | — |
| | 2 „ | albums timbres poste, dos maroquin à | 12 50 | 25 | — |
| | | | Fr. | 161 | 50 |
| | | Emballage | „ | 4 | 50 |
| | | | Fr. | 166 | — |

Nous vous remettons ci dessus facture à votre commande du 15 courant, s'élevant à:

Fr. 166.—.

dont vous voudrez bien nous créditer.

Constamment à vos ordres, nous vous prions d'agréer, Monsieur, nos salutations empressées.

Durand et Cie.

## 3.

### Envoi du montant.

22, rue de la République, 22.
Lyon, le 15 octobre 19..

Messieurs Durand et Cie, Montélimar.

Pour solde de votre facture du 16 septembre dernier, vous trouverez sous ce pli:

| | |
|---|---|
| N° 276, chèque sur le Crédit Lyonnais | Fr. 162.75 |
| escompte 2% sur Fr. 161.50 | „ 3.25 |
| | Fr. 166.— |

dont veuillez me créditer, sous avis.

Recevez, Messieurs, mes sincères salutations.

1 chèque.

Louis Ronsard.

## 4.

### Accusé de réception.

Montélimar, le 17 octobre 19..

Monsieur Louis Ronsard, Lyon.

Votre lettre du 15 courant renfermait:

Fr. 162.75, chèque sur le Crédit Lyonnais,
„ 3.25, 2% d'escompte pour solde de compte
Fr. 166.—

à votre crédit, valeur 15 courant.

Veuillez nous réserver la faveur de vos ordres ultérieurs et agréez, Monsieur, nos salutations empressées.

Durand et Cie.

### Aufgabe XXVII.

I. Umwandlung der Briefe 1—4: die Firma Durand et Cie wird Léon Durand; die Firma Louis Ronsard wird Ronsard et Cie.

II. Auszuschreiben: Scheck Nr. 276 sur le Crédit Lyonnais, Lyon; Betrag: Fr. 162.75; Order: Durand & Cie; Aussteller: Louis Ronsard; Datum: 15 octobre 19..

## Lederwaren. Articles en cuir.

Die Briefe 5—8 sind zu übersetzen:

### 5.

Bestellung.

Cambrai (Nord), den 10. Dezember 19..

Herrn Jules Lagrange, Lille.

Wir bitten, uns umgehend mittels Postpaket senden zu wollen:

| | | | | |
|---|---|---|---|---|
| 4 | Dutzend | Geldtäschchen, rot Juchten, Nr. 73 | à Fr. | 18.— |
| 1 | „ | Schulmappen, engl. Leder, Nr. 418 | à „ | 32.— |
| 6 | Stück | Brieftaschen, Basane, Nr. 12 | à „ | 5.50 |
| 2 | „ | Briefmarkenalbum, Saffianleder, Nr. 67 | à „ | 12.— |

Wir erwarten bestimmt schnelle Erledigung unseres Auftrags; den Betrag werden wir Ihnen einsenden.

Hochachtungsvoll

Larrouy & Cie.

### 6.

Rechnung.

Lille (Nord), den 11. Dezember 19..

**Rechnung**

von

Jules Lagrange, Lille

für Herren Larrouy & Cie, Cambrai (Nord).

| | | Ziel 3 Monate netto; für Barzahlung $2^{1}/_{2}$% Skonto. | Prix | Fr. | C. |
|---|---|---|---|---|---|
| | | Sie empfingen auf Ihre Bestellung vom 10. d. M. für Ihre Rechnung und Gefahr, mittels Postpaket: | | | |
| | 4 Dtzd. | Geldtäschchen, rot Juchten, Nr. 73 à | 18.— | 72 | — |
| | 1 „ | Schulmappen, engl. Leder, Nr. 418 à | 32.— | 32 | — |
| | 6 Stück | Brieftaschen, Basane, Nr. 12 à | 5.50 | 33 | — |
| | 2 „ | Briefmarkenalbum, Saffian, Nr. 67 à | 12.— | 24 | — |
| | | Kiste und Porto | | 1 | 60 |
| | | | | Fr. 162 | 60 |

## 7.

### Anschaffung in bar.

Cambrai (Nord), den 10. Januar 19..

Herren Jules Lagrange, Lille.

Zum Ausgleich Ihrer Rechnung vom 11. Dezember vorigen Jahres übersenden wir Ihnen beiliegend:

| | |
|---|---|
| | Fr. 158.55 |
| die Sie uns zuzügl. $2^1/_2$% Skonto | „ 4.05 |
| mit | Fr. 162.60 |

gutschreiben wollen. Hochachtungsvoll

Larrouy & C^ie^.

## 8.

### Empfangsanzeige.

Lille, den 12. Januar 19..

Herren Larrouy & C^ie^, Cambrai.

Ich empfing mit Ihrem gestrigen Schreiben in Banknoten und Marken:

| | | |
|---|---|---|
| | Fr. 158.55 | |
| die ich zuzüglich | „ 4.05. | $2^1/_2$% Skonto |
| mit | Fr. 162.60 | |

bestens dankend zum Ausgleich meiner Rechnung vom 10. Dezember 19.. verwendete.

Ihrer weiteren Aufträge gern gewärtig zeichne ich

Hochachtungsvoll

Jules Lagrange.

### Aufgabe XXVIII.

### Flanelle. Flanelles.

Es sind 4 Briefe nach folgenden Angaben abzufassen:

I. Am 17. September 19.. bestellen Normand frères, Dôle (Jura), bei René Blanchard, Elbeuf (Seine Inf^re^), als Probesendung:
120 Meter weißen Flanell Nr. 318, Breite 0,75 à Fr. 2.80 das Meter;
120 „ bunten „ „ 507, „ 0,75 à „ 2.65 „ „
Die Ware soll als Eilgut geschickt werden.

II. Am 20. September 19.. schickt René Blanchard, Elbeuf (Seine Infre), der Firma Normand frères, Dôle (Jura), Rechnung über die oben genannten in einer Kiste R. B. 317. verpackten Flanelle als Eilgut zu; er berechnet Fr. 4.80 für Verpackung. Ziel 3 Monate netto; bei Zahlung innerhalb 30 Tagen 2% Skonto.

III. Am 13. Oktober 19.. übersenden Normand frères, Dôle (Jura), der Firma René Blanchard, Elbeuf (Seine Infre), Fr. 645.70, mittels Scheck auf die Société Générale und bitten um Gutschrift zuzüglich 2% Skonto Fr. 13.10.

IV. Am 15. Oktober 19.. bestätigt René Blanchard, Elbeuf (Seine Infre), der Firma Normand frères, Dôle (Jura), den Empfang des Rechnungsbetrages von Fr. 658.80 und bittet um weitere Aufträge.

## Cycles, Vélos. Fahrräder.

### Inhalt der Briefe 9—14.

**9.** Am 18. Juli 19.. bittet Frédéric Quantin, Saint Etienne (Loire), die Firma Foulon Frères, 30, rue du faubourg Poissonnière (10e Arrt), Paris, unter Hinweis auf seine Preisliste um Aufträge; er verspricht sorgfältige Ausführung.

**10.** Am 1. August 19.. übersenden Foulon Frères, Paris, der Firma Frédéric Quantin, Saint Etienne, den Auftrag Nr. 265. Die Ware muß spätestens am 15. ds. Mts. in ihren Händen sein. Anlage: Bestellzettel Nr. 265.

**11.** Am 2. August 19 .. bestätigt Frédéric Quantin, Saint Etienne, der Firma Foulon Frères, Paris, den erhaltenen Auftrag. Er verspricht pünktliche Ausführung zu den festgesetzten Bedingungen.

**12.** Am 10. August 19.. zeigt Frédéric Quantin, Saint Etienne, der Firma Foulon Frères, Paris, an, daß der Auftrag 265 ausgeführt ist. Die Ware wird frachtfrei durch Spediteur E. Corbière, Saint Etienne, übermittelt werden. Der Absender bittet um Gutschrift des Rechnungsbetrages, den er mit Fr. 590.— für 15. November d. J. auf Foulon frères, Paris, entnommen hat. Er empfiehlt diesen Wechsel ihrem Schutze.

**13.** Am 10. August 19 .. fordert Frédéric Quantin, Saint Etienne, den Spediteur E. Corbière, daselbst, auf, die F. Q. No 2416 gezeichnete Kiste, Bruttogewicht 78 Kilo, in der Fabrik abzuholen und als Eilgut an Foulon frères, 30, rue du faubourg Poissonnière (10e Arrt), Paris, kostenfrei abzuliefern.

**14.** Am 16. August 19 .. bekennen sich Foulon frères, Paris, zum Empfange der Ware, für deren Betrag sie den Lieferanten erkannt haben. Sie sichern pünktliche Einlösung des Wechsels bei Fälligkeit zu.

## 9.

### Offre manuscrite.

Saint Etienne (Loire), le 18 juillet 19..

Messieurs Foulon Frères, Paris.

J'ai l'honneur, Messieurs, de vous adresser mon dernier catalogue. Vous y trouverez tous les détails concernant mes principaux modèles de motocyclettes et de cycles de tourisme et de course.

Je vous offre des machines sérieusement étudiées, soigneusement construites et pourvues de tous les perfectionnements les plus récents. Je suis à votre disposition pour tous les renseignements complémentaires dont vous pourriez avoir besoin.

Mes prix s'entendent pour les marchandises prises dans mes magasins. Elles voyagent aux risques et périls du destinataire; emballage et port sont à la charge du client.

Mes factures sont payables à Saint Etienne (Loire); mes traites et mes envois en port payé ne font pas dérogation à ces conditions.

Je peux exécuter toutes les commandes à bref délai, quelle que soit leur importance.

Dans l'attente de vos ordres, je vous présente, Messieurs, mes salutations distinguées.

Frédéric Quantin.

## 10.

### Envoi de commande.

Paris, le 1er août 19..

Monsieur Frédéric Quantin, Saint Etienne (Loire).

En nous référant à votre offre du 18 juillet dernier, nous vous prions de nous expédier, en grande vitesse, franco, à domicile, les articles désignés an bulletin de commande N° 265, que vous trouverez sous ce pli.

Nous refusons expressément de prendre livraison de la marchandise si elle n'est pas entre nos mains le 15 courant, au plus tard.

Recevez, Monsieur, nos sincères salutations.

Commission 265.

Foulon Frères.

Con No 265. Paris, le 1er août 19..

Note de commission.

Foulon Frères, Paris;
30, rue du faubourg Poissonnière (Xe arrt).
Commis à: Monsieur Frédéric Quantin, Saint Etienne (Loire).

Livrable: le 15 courant au plus tard, franco de tous frais, à domicile;
Payable net contre votre traite à 90 jours de date.

| Pièces: | Désignation des articles: | Prix: Francs | C. |
|---|---|---|---|
| 1 | bicyclette de course, modèle B, hauteur du cadre 0,60, avec roue libre et frein. | 280 | — |
| 1 | bicyclette de route, modèle F, hauteur du cadre 0,65, moyeu roue libre, avec frein à contre pédalage, sacoche et nécessaire de réparation. | 310 | — |
| | En cas de retard de livraison, la maison se réserve le droit de refuser la marchandise. | | |

## 11.

### Acceptation de l'ordre.

Saint Etienne (Loire), le 2 août 19..

Messieurs Foulon Frères, Paris.

J'ai l'honneur de vous accuser réception de votre lettre d'hier, renfermant commission No 265 qui sera promptement exécutée. Le 15 courant, au plus tard, la marchandise sera en votre possession, aux conditions stipulées.

Dans l'attente de vos nouveaux ordres, je vous prie d'agréer, Messieurs, mes civilités empressées.

Frédéric Quantin.

## 12.

### Avis d'expédition.

Saint Etienne (Loire), le 10 août 19..

Messieurs Foulon Frères, Paris.

J'ai l'honneur de vous confirmer ma lettre du 2 courant et de vous remettre, sous ce pli, facture à mon envoi de ce jour, qui vous parviendra, franco de tous frais, par l'entremise de M. E. Corbière, de notre ville.

Pour me couvrir du montant de ma facture ci jointe:

Fr. 590.—, valeur 15 novembre prochain,

j'ai disposé sur vous, à l'ordre de MM. Lagardelle et fils, Lyon.

Je recommande cette traite à votre bon accueil.

J'ai apporté tous mes soins à l'exécution de votre ordre. Espérant que vous serez satisfaits de cet envoi et que vous m'adresserez, sous peu, vos nouveaux ordres, je vous prie d'agréer, Messieurs, mes meilleures civilités.

Facture.

Frédéric Quantin.

## 13.

### Ordre d'expédier.

Saint Etienne (Loire), le 10 août 19..

Monsieur E. Corbière, Saint Etienne (Loire).

Veuillez faire prendre, à mon usine:

1 caisse: F. Q. N° 2416. B$^t$ 43 kg.

et l'expédier, en G. V., tous les frais à ma charge, à l'adresse de Messieurs Foulon Frères, Paris, 30, rue du faubourg Poissonnière (X$^e$).

Recevez, Monsieur, mes sincères salutations.

Frédéric Quantin.

## 14.

### Accusé de réception.

Paris, le 16 août 19..

Monsieur Frédéric Quantin, Saint Etienne (Loire).

Nous avons reçu l'envoi annoncé par votre lettre du 10 courant.

Vous êtes crédité du montant de votre facture:

Fr. 590.—, valeur 15 novembre prochain.

Nous ferons bon accueil à votre traite de même somme, à l'échéance.

Recevez, Monsieur, nos sincères salutations.

Foulon Frères.

## Aufgabe XXIX.

I. Rechnung. Anfertigung der Rechnung zu Brief 12 auf Grund des Auftrags 265. Für Verpackung ist nichts zu berechnen.

II. Tratte: Ausschreibung der Tratte zu Brief 14. Aussteller: Frédéric Quantin, Saint Etienne; Betrag Fr. 590.—. Zahlbar 15. November; Bezogene: Foulon Frères, Paris; Order: Lagardelle et fils, Lyon.

## Pièces de rechange et accessoires pour vélos.

## Ersatz- und Zubehör-teile für Fahrräder.

Die Briefe 15—20 sind zu übersetzen.

Bei der Bearbeitung sind zu ersetzen: Fuchs & Co., Berlin, durch Renard & Cie, Paris; Alfred Kind, Hannover, durch Nivert Fils, Toulouse; die Markwährung durch die Frankenwährung.

### 15.

Antrag mit Preisliste.

Berlin, den 4. April 19..

Herrn Alfred Kind, Hannover.

Wir beehren uns, Ihnen unter Kreuzband unsere neue Preisliste für Fahrräder und Ersatzteile zu übersenden und bitten Sie um recht häufige Benutzung derselben.

Die gediegene Ausführung unserer Artikel sowie die außerordentlich billigen Preise, die wir notieren, lassen uns hoffen, daß Sie uns recht oft Ihre geschätzten Aufträge zuweisen werden, deren pünktlicher Erledigung Sie sich versichert halten dürfen.

Inzwischen begrüßen wir Sie mit Hochachtung.

Fuchs & Co.

## 16.

### Auftrag.

Hannover, den 15. April 19 . .

Herren Fuchs & Co., Berlin.

Ich bin im Besitz Ihres Schreibens vom 4. d. Mts. und Ihrer Preisliste Nr. 23, auf welche sich die auf beiliegendem Bestellzettel Nr. 365 angegebenen Nummern beziehen.

Die Ersatzteile erbitte ich mir zu den bisherigen Lieferungsbedingungen: Fracht und Verpackung frei, einjährige Garantie.

Umgehender Zusendung entgegensehend zeichnet

Auftrag 365.

Hochachtungsvoll

Alfred Kind.

### Bestellschein Nr. 365.

für: Herren Fuchs & Co., Berlin.

von: Firma Alfred Kind, Hannover.

Lieferung: sogleich, spätestens am 30. April 19 . .

Zahlung: netto gegen 3 Monatsakzept.

| Stück | Artikel | Nr. | Preis ℳ | Preis ₰ |
|---|---|---|---|---|
| 10 | Acetylenlaternen vernickelt | 61 | 5 | — |
| 3 | Tourensattel | 78 | 6 | — |
| 3 | Halbrennsattel | 71 | 8 | — |
| 1 | Damensattel | 82 | 10 | — |
| 6 | Dreieckige Werkzeugtaschen 21 × 3 | 112 | 2 | 50 |
| 4 | Fahrradständer | 326 | 3 | 50 |
| 1 Groß | Stahlkugeln 5 mm | — | 4 | 20 |

## 17.

### Auftragsbestätigung.

Berlin, den 16. April 19 . .

Herrn Alfred Kind, Hannover.

Wir danken bestens für den Auftrag Nr. 365, den uns Ihre gestrige Zuschrift übermittelte.

Wir haben ihn zur sorgfältigen Ausführung unter den früheren Bedingungen vorgemerkt; Sie dürfen sich pünktlicher Lieferung versichert halten.

Hochachtungsvoll

Fuchs & Co.

## 18.

### Ausführungsanzeige.

Berlin, den 23. April 19..

Herrn Alfred Kind, Hannover.

Wir bestätigen unser Schreiben vom 16. d. Mts. und übersenden Ihnen beigeschlossen Rechnung über den uns am 15. April unter Nr. 365 erteilten Auftrag.

Die Sendung ließen wir durch Gebr. Girard, hier, an Sie abfertigen.

Den Rechnungsbetrag haben wir mit:

M 135.20, Wert 31. Juli d. J., O. E.,

auf Sie entnommen und bitten, das Papier bei Vorkommen zu Lasten unserer Rechnung einzulösen.

Der Zuweisung Ihrer weiteren Aufträge, die wir stets mit größter Sorgfalt erledigen werden, bleiben wir mit Vergnügen gewärtig und begrüßen Sie inzwischen

hochachtungsvoll

Rechnung.

Fuchs & Co.

## 19.

### Speditionsauftrag.

Herren Gebrüder Girard, Berlin.

Wir bitten, zur Beförderung als Frachtgut an Herrn Alfred Kind, Hannover, frei Haus:

F. & C., Nr. 2416, 1 Kiste Brutto 68 kg

bei uns abholen zu lassen.

Berlin, den 23. April 19..,

Fuchs & Co.

## 20.

### Empfangsanzeige.

Hannover, den 28. April 19..

Herren Fuchs & C., Berlin.

Ich habe Ihre Sendung vom 23. d. Mts. empfangen und Ihnen den Rechnungsbetrag mit:

M 135.20, Wert 31. Juli d. J.

gutgeschrieben.

Den mir für den gleichen Termin angekündigten Wechsel werde ich pünktlich einlösen.

Hochachtungsvoll

Alfred Kind.

### Aufgabe XXX.

I. Rechnung. Ausschreibung der Rechnung zu Brief 18 auf Grund des Auftrags Nr. 365. Verpackung wird nicht berechnet.

II. Tratte. Ausschreibung der Tratte zu Brief 20; Aussteller: Renard & C^ie^, Paris; Betrag: Fr. 135.20, Wert 31. Juli; Bezogener: Nivert Fils, Toulouse; Order: Paul Dreux.

### Aufgabe XXXI.

## Haitikaffee. Café d'Haïti.

Es sind 5 Briefe nach folgenden Angaben abzufassen:

I. Am 16. Juni 19.. bieten Florisson & C^ie^, Bordeaux, der Firma Ch^les^ Roger, Orléans, Saint Marc Kaffee erster Güte, verzollt und spesenfrei, franko Bahnhof Orléans, zu folgenden Preisen an:

$^1/_1$ Sack von 150 Pfund zu Fr. 1.60 das Pfund
$^1/_2$ „ „ 75 „ „ „ 1.65 „ „
netto, gegen Dreimonatsakzept.

II. Am 20. Juni 19.. bestellt Ch^les^ Roger, Orléans, probeweise $^1/_2$ Sack Saint Marc Kaffee von 75 Pfund zu Fr. 1.65 das Pfund, franko Station Orléans; er bittet um baldige Zusendung.

III. Am 22. Juni 19.. zeigen Florisson & C^ie^, Bordeaux, an, daß sie den bestellten Kaffee franko abgeschickt haben; sie bitten um Gutschrift des Betrages der beigelegten Rechnung von Fr. 123.75.

IV. Rechnung vom 22. Juni 19.. über 75 Pfund Haitikaffee Saint Marc, erster Güte, zu Fr. 1.65 das Pfund. Der Betrag von Fr. 123.75, Wert 30. September 19.. wird durch Wechsel auf Ch^les^ Roger, Order Bijon & C^ie^, entnommen.

V. Am 29. Juni 19.. bekennt sich Ch^les^ Roger, Orléans, zum Empfang des Kaffees und verspricht pünktliche Einlösung des auf ihn abgegebenen Wechsels.

## Etoffes pour messieurs. Stoffe zu Herrenkleidern.

### Inhalt der Briefe 21—29.

21. Am 25. Oktober 19.. bittet Jules Breton, Lille (Nord), die Firma Paul André, Sedan (Ardennes), um Preisangabe für Tuche,

von denen er Proben beilegt. Der Brief ist in Vollmacht gezeichnet von Legros.

22. Am 28. Oktober 19.. macht Paul André, Sedan, der Firma Jules Breton, Lille, Anstellung unter Angabe der Lieferungsbedingungen. Der Brief ist vom Prokuristen Dubois unterzeichnet.

23. Am 29. Oktober 19.. erteilt der Bevollmächtigte der Firma Jules Breton, Lille, der Firma Paul André, Sedan, einen Probeauftrag auf Bestellzettel.

24. Am 30. Oktober 19 .. bittet der Prokurist der Firma Paul André, Sedan, das Bankhaus Crédit du Nord, Lille, um Auskunft über Jules Breton, Lille.

25. Am 30. Oktober 19.. erteilt der Direktor Courtois des Crédit du Nord, Lille, sehr günstige Auskunft über Jules Breton, Lille.

26. Am 31. Oktober 19.. erklärt sich der Prokurist der Firma Paul André, Sedan, der Firma Jules Breton, Lille, gegenüber bereit, die Lieferung zu den angegebenen Bedingungen zu übernehmen.

27. Am 15. November 19.. zeigt der Prokurist der Firma Paul André, Sedan, dem Auftraggeber Jules Breton, Lille, den Versand der Ware an und überreicht Rechnung in Höhe von Fr. 1110.— mit der Bitte um Gutschrift.

28. Am 20. November 19.. übersendet der Prokurist der Firma Paul André, Sedan, dem Empfänger der Ware, Jules Breton, Lille, eine am 15. Februar 19.. zahlbare Tratte, mit der Bitte um Annahme.

29. Am 21. November 19.. schickt der Bevollmächtigte der Firma Jules Breton, Lille, der Firma Paul André, Sedan, die mit Akzept versehene Tratte zurück.

## 21.

### Demande d'indiquer les prix.

Lille, le 25 octobre 19..

Monsieur Paul André, Sedan.

Veuillez me faire connaître, par retour du courrier, vos derniers prix pour les draps dont je joins les échantillons à la présente.

Recevez, Monsieur, mes sincères salutations.

Echantillons.

P. Jules Breton.

Legros.

## 22.

### Indication de prix.

Sedan, le 28 octobre 19..

Monsieur Jules Breton, Lille.

En possession de votre lettre du 25 courant, j'ai l'honneur de vous retourner les échantillons qu'elle renfermait et de vous adresser les prix des draps noirs que vous désirez.

Ces prix sont très modiques, la marchandise que je vous ai offerte étant pure laine et bon teint. Je puis vous assurer que votre confiance sera entièrement justifiée si vous voulez bien me transmettre vos ordres. Voici mes conditions:

expédition: franco en gare de Lille;

règlement: à 90 jours net, ou à 30 jours, 2% d'escompte.

Je me permets de vous envoyer, par ce même courrier, mes cartes d'échantillons pour draps façonnés, draps de billards et flanelles fantaisies pour doublures.

Dans l'espoir de vous lire bientôt, je vous présente, Monsieur, mes civilités empressées.

carte d'échons.

P. Pon Paul André.
Dubois.

## 23.

### Ordre à titre d'essai.

Lille, le 29 octobre 19..

Monsieur Paul André, Sedan.

Je vous remercie des renseignements que contenait votre lettre d'hier et des échantillons que vous avez bien voulu m'adresser.

Veuillez m'envoyer, à titre d'essai, les draps désignés au bulletin ci joint No 69. Si j'ai lieu d'être satisfait, je vous ferai parvenir des ordres plus importants.

Pour vous couvrir, vous disposerez sur moi, à 90 jours de date de la facture.

Agréez, Monsieur, mes sincères salutations.

1 bulletin No 69

P. Jules Breton.
Legros.

## 24.

### Demande de renseignements.

Sedan, le 30 octobre 19..

Crédit du Nord, Lille.

Monsieur le Directeur,

Je vous serais très reconnaissant si vous vouliez bien me fournir quelques renseignements sur la moralité et la solvabilité de la maison dont vous trouverez le nom sur la fiche ci jointe.

Recevez à l'avance l'assurance de ma discrétion absolue et mes remerciements les plus sincères.

Veuillez agréer, Monsieur le Directeur, l'expression de mes sentiments très distingués.

1 fiche.

P. P$^{on}$ Paul André.
Dubois.

## 25.

### Renseignement favorable.

Lille, le 30 octobre 19..

Monsieur Paul André, Sedan.

En réponse à votre lettre de ce jour, nous nous empressons de vous dire que la maison dont il s'agit jouit de la confiance générale sur notre place. Nous croyons qu'elle la mérite et qu'il n'y a pas de risques à traiter avec elle. Nous vous donnons ce renseignement à titre confidentiel et sans aucune garantie.

Veuillez en user avec discrétion et agréez, Monsieur, nos civilités très empressées.

Crédit du Nord.
Le Directeur.
Courtois.

## 26.

### Acceptation de la commande.

Sedan, le 31 octobre 19..

Monsieur Jules Breton, Lille.

Je vous remercie de la commande que vous m'avez faite par votre lettre du 29 courant, et je l'accepte aux conditions de règlement et de livraison y précisées.

Soyez bien certain que je me ferai un devoir d'exécuter cet ordre à votre entière satisfaction.

Agréez, Monsieur, mes salutations distinguées.

P. P^on Paul André.
Dubois.

## 27.

### Avis d'expédition.

Sedan, le 15 novembre 19..

Monsieur Jules Breton, Lille.

J'ai l'honneur de vous remettre, sous ce pli, facture aux articles que vous avez bien voulu me demander par votre bon de commission N° 69, du 20 octobre dernier. Ma facture s'élève à:

Fr. 1110.—

dont veuillez me créditer, valeur 15 février prochain.

Constamment dévoué à vos ordres, je vous présente, Monsieur, mes civilités très empressées.

Facture.

P. P^on Paul André.
Dubois.

## 28.

### Envoi de traite à l'acceptation.

Sedan, le 20 novembre 19..

Monsieur Jules Breton, Lille.

Je vous confirme ma lettre du 15 courant, renfermant facture à mon envoi du même jour.

Pour m'en couvrir, j'ai disposé sur vous, en ma traite ci jointe de:

Fr. 1110.—, valeur 15 février pr^n, $0.^m/_m$.

Veuillez me renvoyer ce papier revêtu de votre acceptation et agréez, Monsieur, mes civilités très empressées.

1 traite.

P. P^on Paul André.
Dubois.

## 29.

### Envoi de la traite acceptée.

Lille, le 21 novembre 19..

Monsieur Paul André, Sedan.

Sous pli recommandé, je vous renvoie, acceptée par moi, votre traite de:

Fr. 1110.—, au 15 février prochain.

Veuillez passer écriture de conformité et agréez, Monsieur, mes sincères salutations.

1 traite acceptée.

P. Jules Breton.
Legros.

### Aufgabe XXXII.

I. Bestellzettel. Anfertigung des zu Brief 23 gehörigen Auftrags Nr. 69. Zu bestellen:

60 m schwarzes Tuch Nr. 816, Breite 1 m 40 zu Fr. 9.50 das Meter.
40 „ „ „ „ 306, „ 1 „ 35 „ „ 13.50 „ „

II. Rechnung. Ausschreibung der Rechnung zu Brief 27, auf Grund des Bestellzettels Nr. 69; Verpackung wird nicht berechnet.

III. Tratte. Ausschreibung der Tratte zu Brief 28; Aussteller: Paul André; Bezogener: Jules Breton; Order: Le Blanc; Wechselsumme: 1110 Franken, zahlbar am 15. Februar 19..

IV. In den Briefen 21—29 sind die Einzelfirmen durch Gesellschaftsfirmen zu ersetzen: Jules Breton durch Breton frères; Paul André durch André et Cie.

## Stoffe für Herrenkleider. Etoffes pour messieurs.

Die Briefe 30—38 sind zu übersetzen.

Bei der Bearbeitung sind zu ersetzen: Karl Huber, Forst i. L., durch Joseph Haubert, Elbeuf; Max Dürr, Sorau N.-L., durch Albert Dumont, Douai; i. V. Brand durch Brandon; p. pr. Blank durch Blanchard; Handelsbank, Sorau, durch Comptoir du commerce, Elbeuf; die Markwährung durch die Frankenwährung.

## 30.

### Bitte um Angabe der Lieferungsbedingungen.

Sorau N.-L., den 15. August 19..

Herrn Karl Huber, Forst i. L.

Ich bitte, mir umgehend Ihre äußersten Preise für Herrenstoffe, die ungefähr den beiliegenden Proben entsprechen, anzugeben und mir zu sagen, welche Lieferzeit Sie beanspruchen.

Hochachtungsvoll

Max Dürr.

i. V. Brand.

## 31.

### Mustersendung und Lieferungsbedingungen.

Forst i. L., den 16. August 19..

Herrn Max Dürr, Sorau.

Ich bin im Besitz Ihres gestrigen Schreibens und beeile mich, Ihnen mit gleicher Post eine kleine Auswahl meiner reinwollenen Stoffe für Herrenanzüge zu schicken, die den mir übersandten Proben ungefähr entsprechen.

Ich kann Ihnen diese Stoffe in 8 bis 10 Tagen liefern und bürge für reine Wolle und echte Farbe. Meine Preise verstehen sich für Frankozusendung Bahnhof dort, netto gegen Dreimonatsakzept, 2% Skonto binnen 30 Tagen.

Sorgfältiger Ausführung Ihres Auftrags dürfen Sie sich versichert halten.

Hochachtungsvoll

ppa. Karl Huber.

Blank.

## 32.

### Probeauftrag.

Sorau N.-L., den 18. August 19..

Herrn Karl Huber, Forst.

Ich bin im Besitze Ihres werten Briefes und Ihrer Mustersendung vom 16. ds. Mts. und ersuche Sie, mir die auf beiliegendem Bestellschein verzeichneten Stoffe sobald wie möglich zuzusenden. Den Rechnungsbetrag wollen Sie durch Dreimonatstratte auf mich entnehmen.

Wenn ich mit der Sendung zufrieden bin, können Sie bald auf weitere Aufträge rechnen.

Hochachtungsvoll

Max Dürr.

i. V. Brand.

Bestellschein Nr. 690.

## 33.

### Erkundigungsschreiben.

Forst i. L., den 19. August 19..

Handelsbank, Forst.

Soeben läßt mir die auf beiliegendem Zettel genannte Firma einen größeren Auftrag zugehen. Da sie mir völlig unbekannt ist, würden Sie mich durch genaue Auskunft über ihre Zahlungsfähigkeit und ihren Ruf sehr verpflichten.

Ich danke Ihnen im voraus für Ihre Bemühung und stehe jederzeit zu Gegendiensten gern bereit.

Hochachtungsvoll

Zettel. ppa. Karl Huber.

Blank.

## 34.

### Günstige Auskunft.

Forst i. L., den 20. August 19..

Herrn Karl Huber, Hier.

Wir beehren uns, Ihnen auf Ihr gestriges Schreiben mitzuteilen, daß sich die bewußte Firma eines guten Rufes erfreut und allgemeines Vertrauen genießt.

Wir geben Ihnen diese Auskunft ohne jede Gewähr und zeichnen hochachtungsvoll

Handelsbank.

## 35.

### Auftragsbestätigung.

Forst i. L., den 20. August 19..

Herrn Max Dürr, Sorau.

Ich danke verbindlich für den Auftrag, den Sie mir am 18. d. Mts. erteilt haben und den ich mit größter Sorgfalt ausführen werde. Die Waren gehen spätestens am Schlusse des Monats an Ihre Adresse ab.

Stets gern Ihren Diensten gewidmet, zeichne ich

Hochachtungsvoll

ppa. Karl Huber.

Blank.

## 36.

### Ausführungsanzeige. Rechnung.

Forst i. L., den 28. August 19..

Herrn Max Dürr, Sorau.

Ich beehre mich, Ihnen über die mir am 18. d. Mts. in Auftrag gegebenen Tuche beiliegend Rechnung zu erteilen, deren Betrag ich mir mit:

ℳ 450.—, Wert 30. November d. J.,

gutzubringen bitte.

Den mir in Aussicht gestellten ferneren Aufträgen sehe ich gern entgegen und werde stets bemüht sein, das mir geschenkte Vertrauen bestens zu rechtfertigen.

Hochachtungsvoll

1 Rechnung.

ppa. Karl Huber.
Blank.

## 37.

### Einsendung eines Wechsels zur Annahme.

Forst i. L., den 1. September 19..

Herrn Max Dürr, Sorau.

Zum Ausgleich meiner Rechnung vom 28. August d. J. erlaube ich mir:

ℳ 450.—, Wert 30. November, Order eigene,

auf Sie zu entnehmen.

Ich ersuche Sie, mir die beigelegte Tratte mit Ihrem Akzept versehen baldigst zurücksenden zu wollen.

Hochachtungsvoll

ppa. Karl Huber.
Blank.

## 38.

### Rücksendung des angenommenen Wechsels.

Sorau N.-L., den 2. September 19..

Herrn Karl Huber, Forst.

Die mir gestern übersandte Tratte schicke ich Ihnen eingeschrieben mit meiner Unterschrift zurück. Ich bitte, mein Konto für den Betrag mit:

ℳ 450.—, Wert 30. November d. J.

zu erkennen.

Hochachtungsvoll

1 Akzept.

Max Dürr.
i. V. Brand.

## Aufgabe XXXIII.

I. Anfertigung des Bestellscheins Nr. 690 zu Brief 32.
50 Meter schwarzer Cheviot Nr. 716, Breite 1 m 25. Fr. 3.— das Meter;
60 „ dunkelblauer „ „ 189, „ 1 „ 25. „ 5.— „ „ .

II. Ausschreibung der Rechnung zu Brief 36, auf Grund des Bestellscheins Nr. 690.

III. Ausschreibung der Tratte zu Brief 37. Datum 1. September 19..; Aussteller Joseph Haubert, Elbeuf; Bezogener Albert Dumont, Douai; Order eigene; Betrag Fr. 450.—, Wert 30. November d. J.

## Aufgabe XXXIV.

### Parakakao. Cacao du Para.

Es sind 10 Briefe nach folgenden Angaben abzufassen:

I. Am 2. September 19.. erkundigen sich Dupuy & Moreau, Lyon, bei der Firma Félix Potin, Marseille, nach dem äußersten Preis für 20 Sack Parakakao, zoll- und frachtfrei Lyon; sie bitten um Einsendung von Mustern.

II. Am 4. September 19.. schickt Félix Potin, Marseille, der Firma Dupuy & Moreau, Lyon, eine Probe Parakakao erster Güte. Bei Abnahme von 20 Sack zu je 70 bis 75 Kilo berechnet er Fr. 84.— für je 50 Kilo probemäßiger Ware, kostenfrei Lyon, und gewährt 2% Nachlaß für Tara und Gutgewicht. Bei Zahlung nach 90 Tagen netto, binnen 10 Tagen 2% Skonto.

III. Am 6. September 19.. bestellen Dupuy & Moreau, Lyon, bei Félix Potin, Marseille, eine Probesendung von 20 Sack Parakakao zu Fr. 84.— für je 50 Kilo, frei Lyon, bei 2% Abzug für Tara und Gutgewicht. Zahlung gegen Dreimonatstratte.

IV. Am 7. September 19.. erkundigt sich Félix Potin, Marseille, bei Lucien Roux & C[ie], Lyon, nach der Firma Dupuy & Moreau, Lyon; er sichert Verschwiegenheit zu.

V. Am 9. September 19.. erteilen Lucien Roux et C[ie], Lyon, über die betreffende Firma sehr günstige Auskunft.

VI. Am 9. September 19.. beauftragt Félix Potin, Marseille, den Spediteur Louis Petit daselbst, der Firma Dupuy & Moreau, Lyon, 20 Sack Parakakao Nr. 317—336, Brutto 1486 Kilo, als Frachtgut frei Lyon, zu übermitteln und ihn für Fracht und Auslagen zu belasten.

VII. Am 9. September 19.. zeigt Félix Potin, Marseille, der Firma Dupuy & Moreau, Lyon, die Ausführung ihres Auftrags an; er bittet um Gutschrift des Rechnungsbetrags von Fr. 2446.55.

VIII. Am 15. September 19 .. schickt Félix Potin, Marseille, der Firma Dupuy & Moreau, Lyon, seine Tratte in Höhe von Fr. 2446.55 und bittet um Unterschrift und Rückgabe.

IX. Am 16. September 19 .. schicken Dupuy & Moreau, Lyon, die ihnen zugesandte Tratte mit ihrer Unterschrift versehen an Félix Potin, Marseille, zurück.

X. Am 17. September 19 .. zeigt Félix Potin, Marseille, der Firma Dupuy & Moreau, Lyon, an, daß er ihr den Wechselbetrag mit Fr. 2446.55, Wert 15. Dezember 19 .., unter dem üblichen Vorbehalt gutgeschrieben habe.

## Soieries pour dames. Seidenstoffe zu Damenkleidern.

### Inhalt der Briefe 39—43.

**39.** Am 14. September 19 .. bitten Volland Frères, 31, rue Noailles, Marseille, die Firma Jaffelin & Fils, 16, rue Gentil, Lyon, um Zusendung einer Musterauswahl rein seidener Stoffe.

**40.** Am 16. September 19 .. schicken Jaffelin & Fils, Lyon, der Firma Volland Frères, Marseille, die erbetenen Muster, mit Angabe des Preises und der Lieferungsbedingungen.

**41.** Am 18. September 19 .. machen Volland Frères, Marseille, bei Jaffelin & Fils, Lyon, eine Bestellung; sie schreiben Lieferung bis spätestens 30. September vor.

**42.** Am 20. September 19 .. bestätigen Jaffelin & Fils, Lyon, den erhaltenen Auftrag; sie bedauern, die Ware vor Ende Oktober nicht liefern zu können.

**43.** Am 22. September 19 .. ziehen Volland Frères, Marseille, den der Firma Jaffelin & Fils, Lyon, am 18. September erteilten Auftrag zurück.

## 39.

### Demande d'échantillons.

**31, rue Noailles, 31.**

Marseille, le 14 septembre 19 ..

Messieurs Jaffelin & Fils, Lyon.

Veuillez nous adresser, le plus tôt possible, une petite collection d'échantillons de belles étoffes de soie pure, haute nouveauté: foulard, damas et satin.

Bien que suffisamment approvisionnés pour la saison, nous

sommes très disposés à augmenter notre stock, si nous y trouvons avantage.

Veuillez donc nous faire connaître vos prix les plus bas et vos dernières conditions.

Recevez, Messieurs, nos sincères salutations.

Volland Frères.

## 40.

### Envoi d'échantillons.

16, rue Gentil, 16.

Lyon, le 16 septembre 19 . .

Messieurs Volland Frères, Marseille.

Nous nous empressons de répondre à votre lettre du 14 c$^{t}$ et vous adressons, sous ce pli, une petite collection de nos tissus les plus en vogue.

Bien que les transactions soient très actives et que, par conséquent, les soies courantes subissent une hausse très prononcée, nous vous ferons une remise de 15% sur les prix de nos tarifs, règlement à 90 jours.

La bonne qualité de nos étoffes et la modicité de nos prix nous donnent la certitude que vous serez complètement satisfaits si vous voulez bien nous accorder la faveur de vos ordres.

Dans l'espoir de vous lire bientôt, nous vous présentons, Messieurs, nos civilités empressées.

Jaffelin & Fils.

éch$^{ons}$.

## 41.

### Commande.

31, rue Noailles, 31.

Marseille, le 18 septembre 19 . .

Messieurs Jaffelin & Fils, Lyon.

Nous répondons immédiatement à votre lettre du 16 courant, en vous priant de nous adresser les 5 pièces d'étoffes indiquées au bas de la présente.

Veuillez faire expédier tout de suite; il nous faut ces marchandises fin courant au plus tard.

Recevez, Messieurs, nos salutations empressées.

Volland Frères.

Commande:

| | | | | | | | | |
|---|---|---|---|---|---|---|---|---|
| 2 | pièces | foulard imprimé, | N° 1317, | soie pure, | à | Fr. 8.— | le mètre; |
| 2 | „ | damas couleur, | „ 1511, | „ „ , | à | „ 9.— | „ „ |
| 1 | „ | satin rose, | „ 1809, | „ „ , | à | „ 12.50 | „ „ |

Règlement à 90 jours de date, avec 15 % de remise.

## 42.

### Prolongation du délai de livraison.

16, rue Gentil, 16.

Lyon, le 20 septembre 19 . .

Messieurs Volland Frères, Marseille.

Nous recevons, à l'instant, l'ordre que nous portait votre lettre du 18 courant.

Malgré tout notre désir de vous être agréables, il nous est impossible de vous fournir ces étoffes, avant la fin du mois d'octobre prochain.

Les dessins que vous avez choisis étant très recherchés, le teinturier peut à peine suffire aux nombreuses commandes qui nous sont faites.

Nous ferons en sorte que vous ayez la marchandise longtemps avant la saison d'hiver et espérons bien que vous maintiendrez votre ordre.

Veuillez agréer, Messieurs, nos civilités empressées.

Jaffelin & Fils.

## 43.

### Révocation de l'ordre.

81, rue Noailles, 81.

Marseille, le 22 septembre 29 . .

Messieurs Jaffelin & Fils, Lyon.

En vous faisant notre commande du 18 courant, nous avons cru que votre offre se rapportait à des étoffes disponibles.

Si nous acceptions la proposition que vous nous faites, par votre lettre du 20 courant, une grande partie de la marchandise nous resterait pour compte. C'est pourquoi nous sommes obligés de révoquer notre ordre du 18 ct.

Nous sommes bien au regret de vous avoir dérangés pour rien, mais il n'y a pas de notre faute.

Agréez, Messieurs, nos sincères salutations.

Volland Frères.

## Seidenstoffe zu Damenkleidern. Soieries pour dames.

Die Briefe 45—49 sind zu übersetzen.

Bei der Bearbeitung sind zu ersetzen: Gebrüder Falke, Meiningen, durch Faucon Frères, Rouen; Martin & Söhne, Berlin, durch Roche & Fils, 12, rue du Caire, Paris; Berliner Kassenverein durch Banque de Crédit, 32, avenue de l'Opéra, Paris; die Markwährung durch die Frankenwährung.

### 44.

Bitte um Muster.

Meiningen, den 14. März 19..

Herren Martin & Söhne, Berlin.

Ein Geschäftsfreund hat uns auf Ihre Firma aufmerksam gemacht.

Wir haben hauptsächlich Bedarf in reinseidenen schwarzen und farbigen Geweben.

Es wäre uns angenehm, recht bald Ihr Angebot in Stoffen von Mark 6.— aufwärts, nebst Mustern, zu erhalten.

Das Bankhaus Berliner Kassenverein, dort, wird Ihnen jede gewünschte Auskunft über unsere Firma gern erteilen.

Wir sehen Ihrer gefl. Rückäußerung entgegen und zeichnen

hochachtungsvoll

Gebrüder Falke.

### 45.

Zusendung der Muster.

Berlin, den 16. März 19..

Herren Gebrüder Falke in Meiningen.

Für Ihre Anfrage vom 14. d. Mts. bestens dankend, beeilen wir uns, Ihnen beigeschlossen eine kleine Auswahl Proben unserer beliebtesten Neuheiten in rein seidenen, gestreiften und gemusterten Stoffen zu übersenden.

Trotz der durch lebhafte Nachfrage veranlaßten Preissteigerung sind wir bereit, Ihnen auf unsere Fabrikpreise einen Rabatt von 10 Prozent bei dreimonatlicher Regulierung zu gewähren.

Wir hoffen, daß dieses Entgegenkommen Sie veranlaßt, uns recht bald mit einem Auftrag zu beehren und zeichnen

Muster.

mit Hochachtung

Martin & Söhne.

## 46.

### Bestellung.

Meiningen, den 17. März 19..

Herren Martin & Söhne, Berlin.

Wir danken für die uns gestern übersandten Proben und bitten, uns die unten verzeichneten Stoffe so bald wie möglich zugehen zu lassen.

Wir bemerken ausdrücklich, daß die Sendung bis spätestens Ende des Monats in unseren Händen sein muß, und sehen pünktlicher Erledigung gern entgegen.

Hochachtungsvoll

Gebrüder Falke.

Auftrag.

2 Stück bedruckten Foulard Nr. 716, reine Seide,
zu Mark 6.75 das Meter;
2 Stück farbigen Damast Nr. 398, reine Seide,
zu Mark 9.20 das Meter;
1 Stück rosa Atlas Nr. 1503, reine Seide,
zu Mark 13.— das Meter;
3 Monat Ziel. 10 Prozent Rabatt.

## 47.

### Verlängerung der Lieferungsfrist.

Berlin, den 18. März 19..

Herren Gebrüder Falke in Meiningen.

Wir erhalten soeben Ihr gestriges Schreiben und haben den uns darin erteilten Auftrag bestens vorgemerkt.

Leider ist es uns nicht möglich, ihn bis Ende März auszuführen, da gerade die von Ihnen gewählten Stoffe sich lebhafter Nachfrage erfreuen.

Wir hoffen aber bestimmt, Ihnen die Waren bis zum 15. April d. J. liefern zu können, und bitten, uns bis dahin Frist zu gewähren.

Ihrer gefl. Zustimmung gern gewärtig, zeichnen wir

Hochachtungsvoll

Martin & Söhne.

## 48.

### Abbestellung.

Meiningen, den 20. März 19..

Herren Martin & Söhne, Berlin.

Wir sind sehr erstaunt, daß Sie die Stoffe, die wir Ihnen am 17. ds. Mts. in Auftrag gegeben haben, nicht sofort liefern können.

Wenn wir die Waren erst im April bekommen, so bleibt uns der größte Teil derselben auf Lager. Wir sehen uns deshalb zu unserem Bedauern gezwungen, den Auftrag vom 17. d. Mts. zurückzuziehen. Es tut uns leid, Sie vergeblich bemüht zu haben, aber die Schuld liegt nicht an uns.

Hochachtungsvoll

Gebrüder Falke.

## Aufgabe XXXV.

### Zeichenpapier. Papier à dessins.

Es sind 9 Briefe nach folgenden Angaben abzufassen:

I. Am 13. Mai 19.. erkundigen sich Lepage frères, Grenoble (Isère), bei Arnaud & C^ie^, Voiron (Isère), nach Preis, Lieferzeit und Bedingungen bei Entnahme eines größeren Postens Zeichenpapier, Format 50×65, das in der Beschaffenheit dem beiliegenden Muster entspricht.

II. Am 14. Mai 19.. erklären sich Arnaud & C^ie^, Voiron, bereit, der Firma Lepage frères, Grenoble, bis Ende Juni d. J. probegemäß bei Abnahme von mindestens 50 000 Bogen, ab Voiron zu liefern:

Nr. 2034, weißes Zeichenpapier, 50×65, Gewicht 45 kg,
1000 B. zu Fr. 36.—, je 1000 Bogen,

Nr. 2039, weißes Zeichenpapier, stark, 50×65, Gewicht 60 kg,
1000 B. zu Fr. 45.—, je 1000 Bogen,

zahlbar ohne Abzug gegen Dreimonatsakzept oder mit 2% Skonto binnen 30 Tagen.

III. Am 17. Mai 19.. erwidern Lepage frères, Grenoble, der Firma Arnaud & Cie, Voiron, der geforderte Preis sei zu hoch. Wenn er auf Fr. 44.—, frei Grenoble, ermäßigt würde, wollten sie 60 000 Bogen, Nr. 2039, in Auftrag geben; Lieferung müsse bis spätestens 10. Juni d. J. erfolgen.

IV. Am 18. Mai 19.. erklären Arnaud & Cie, Voiron, daß sie Nr. 2039, frei Grenoble, zum Preise von Fr. 44.— nur liefern könnten, wenn die Lieferzeit bis 30. Juni d. J. verlängert werde. Das Papier zu diesem Preise vor Ende Juni zu liefern, sei unmöglich wegen der durch Überstunden erhöhten Arbeitslöhne.

V. Am 19. Mai 19.. bestellen Lepage frères, Grenoble, bei Arnaud & Cie, Voiron, (Isère):

Nr. 2039, starkes, weißes Zeichenpapier, nach Probe, 60 000 Bogen,
Gewicht 60 kg je 1000 Bogen,

Preis Fr. 44.—, franko Grenoble, zahlbar netto nach 90 Tagen oder 2% Skonto binnen 30 Tagen.

VI. Am 20. Mai 19.. bestätigen Arnaud & Cie, Voiron (Isère), der Firma Lepage frères, Grenoble, den Wortlaut ihres Auftrags vom vorigen Tage und versprechen sorgfältige Ausführung.

VII. Am 27. Juni 19.. schicken Arnaud & Cie, Voiron, (Isère), der Firma Lepage frères, Grenoble, Rechnung über die am gleichen Tage franko an sie abgehende Sendung von:

60 000 Bogen Zeichenpapier Nr. 2039, Format 60×65,
Brutto 3712 kg zu Fr. 44.— je 1000 Bogen;

sie bitten um Gutschrift des Rechnungsbetrags mit Fr. 2640.—.

VIII. Am 26. Juli 19.. übersenden Lepage frères, Grenoble, der Firma Arnaud & Cie, Voiron (Isère), Fr. 2587.70, in einem Scheck auf die Banque de France, Voiron, die sie zuzüglich Fr. 52.80, 2% Skonto, zur Ausgleichung ihrer Rechnung vom 27. Juni d. J. zu verwenden bitten.

IX. Am 27. Juli 19.. erteilen Arnaud & Cie, Voiron, der Firma Lepage frères, Grenoble, Gutschrift über den Empfang des Geldes und empfehlen sich zu weiteren Diensten.

## Toiles de lin. Leinenwaren.

### Inhalt der Briefe 49—54.

**49.** Unter dem Datum des Poststempels zeigen Larive & David, Tarare (Rhône), der Firma Vve Ernest Rebilly, Orange (Vaucluse), den Besuch ihres Reisenden Lebrun an und bitten, ihm einen Auftrag zu erteilen.

**50.** Am 7. Januar 19.. schickt M. Lebrun seiner Firma Larive & David, Tarare, den Auftrag Nr. 416 ein. Er bittet, die nächste Post für ihn an das Hôtel du Louvre, Avignon (Vaucluse), zu schicken.

**51.** Am 8. Januar 19.. erteilen Larive & David, Tarare, der Firma Vve. Ernest Rebilly, Orange, Rechnung über den durch ihren Reisenden M. Lebrun übermittelten Auftrag.

**52.** Am 8. Januar 19.., teilen Larive & David, Tarare, ihrem Reisenden Lebrun, Avignon, die Ausführung des Auftrags 416 mit.

**53.** Am 15. Januar 19.. beklagt sich Mme Vve Ernest Rebilly, Orange, darüber, daß die Sendung nicht in Ordnung sei; sie bittet um Aufklärung.

**54.** Am 16. Januar 19.. entschuldigen sich Larive & David, Tarare, wegen des Irrtums. Sie haben das fehlende Dutzend Kopfkissen sofort als Postpaket an Mme Vve Ernest Rebilly, Orange, abgeschickt.

## 49.

### Avis de passage.

Tarare (Rhône), date de la poste.

Madame Vve Ernest Rebilly, Orange (Vaucluse).

Nous avons l'avantage de vous prévenir que notre voyageur,
Monsieur Lebrun,
aura l'honneur de vous faire, sous peu, sa visite.

Veuillez lui réserver la faveur de vos ordres, qui seront exécutés à votre entière satisfaction.

Agréez, Madame, l'assurance de notre considération très distinguée.

Larive & David.

## 50.

### Ordre transmis par le voyageur.

Orange, le 7 janvier 19..

Messieurs Larive & David, Tarare (Rhône).

Messieurs,

J'ai bien reçu vos lettres et échantillons du 4 courant, et vous remets, sous ce pli, ordre No 416.

Les renseignements que j'ai obtenus sur Mme Gervaize, Tain, sont tout à fait rassurants. Elle a réglé intégralement notre facture du 15 octobre dernier; veuillez donc lui expédier les articles demandés par m/ordre N° 411.

Je continuerai ma tournée ce soir. Veuillez m'adresser votre prochain courrier à Avignon, Hôtel du Louvre.

Recevez, Messieurs, mes salutations très empressées.

Ordre 416. Raoul Lebrun.

Ordre 416. Mme Vve Ernest Rebilly, Orange, 2, Bd de la Meyne:

| | | | | | |
|---|---|---|---|---|---|
| 10 | douz. taies d'oreillers, pur fil | C F 17 | à Fr. | 17.— | la douz. |
| 4 | „ „ „ , avec volants | B C 11 | à „ | 28.— | „ „ |
| 2 | „ „ „ , „ guirlandes | F L 2 | à „ | 31.— | „ „ |
| 3 | paires draps de lit, pur fil | 350×220 | à „ | 27.— | la paire |
| 2 | „ „ „ „, „ „ | 350×240 | à „ | 29.50 | „ „ |

Livraison franco à domicile; règlement à mon prochain passage.

## 51.

### Lettre facture.

Tarare (Rhône), le 8 janvier 19..

Madame Vve Ernest Rebilly, Orange (Vaucluse).

Madame,

Nous avons l'honneur de vous remettre ci joint facture aux marchandises que vous avez bien voulu nous commander par notre voyageur M. Lebrun.

Veuillez nous créditer du montant de:

Fr. 484.—,

payable au prochain passage de notre voyageur.

Dans l'attente de vos nouveaux ordres, nous vous présentons, Madame, nos civilités empressées.

1 facture. Larive & David.

## 52.

### Avis au voyageur.

Tarare (Rhône), le 8 janvier 19..

Monsieur Raoul Lebrun (Hôtel du Louvre), Avignon.

Bonne note est prise de vos communications du 7 courant. Les ordres 410 à 416 ont été exécutés ce matin.

A partir du 10 courant, nous vous écrirons:

Tarascon, Hôtel National.

Recevez, Monsieur, nos sincères salutations.

Larive & David.

## 53.

### Réclamation.

Orange, le 15 janvier 19..

Messieurs Larive & David, Tarare (Rhône).

L'envoi que m'annonçait votre lettre du 8 courant, m'est parvenu hier.

J'ai été très surprise en constatant qu'au lieu des:

10 douzaines oreillers C. F. 17,

que j'ai commandées à M. Lebrun, il n'y en avait que neuf; bien que votre facture m'en indique 10.

Il y a eu, sans doute, inexactitude à l'expédition; je vous prie d'examiner ma réclamation et de réparer cette erreur.

Agréez, Messieurs, mes sincères salutations.

Vve Ernest Rebilly.

## 54.

### Lettre d'excuses.

Tarare (Rhône), le 16 janvier 19..

Madame Vve Ernest Rebilly, Orange (Vaucluse).

Madame,

Nous recevons à l'instant votre lettre d'hier.

C'est par suite de la négligence d'un de nos employés que vous avez reçu 9 douzaines C.F. 17, au lieu de 10. La douzaine qui manquait vous parviendra, par colis postal.

Nous vous présentons toutes nos excuses pour cette erreur bien involontaire, et vous prions d'agréer, Madame, nos salutations très empressées.

Larive & David.

### Aufgabe XXXVI.

I. Ausschreibung der Rechnung zu Brief 51, auf Grund des Bestellzettels Nr. 416.

## Leinenwaren. Toiles de lin.

Die Briefe 55—60 sind zu übersetzen:

Bei der Bearbeitung sind zu ersetzen: Jung & Meiner, Liegnitz, durch Marion & Lunel, Mézières (Ardennes); Lindner durch Patel; W^we Kunze, Brieg, durch M^me V^ve Dupoix, Carignan; Frl. Klara Buchheim, Neiße, durch M^lle Claire Barbier, Montmédy; Oppeln (Schlesischer Hof) durch Verdun (Hôtel Condé); Falkenberg (Bahnhofshotel) durch Rocroy (Hôtel de la Gare); die Markwährung durch die Frankenwährung.

### 55.

Besuchsanzeige.

Liegnitz, Datum des Poststempels.

Fräulein Klara Buchheim, Neiße.

Unser Reisender Herr Lindner wird sich die Ehre geben, Ihnen in den nächsten Tagen seine Aufwartung zu machen, um Ihnen unsere neuesten Muster vorzulegen.

Wir bitten, uns bei Bedarf gütigst berücksichtigen zu wollen und sichern Ihnen sorgfältige Ausführung Ihrer Aufträge zu.

Hochachtungsvoll

Jung & Meiner.

### 56.

Auftragsübermittelung.

Neiße, den 7. Juni 19..

Herren Jung & Meiner, Liegnitz.

Ihr Schreiben und Ihre Mustersendung vom 5. d. M. habe ich erhalten. Beiliegend schicke ich Ihnen Auftrag 297; Fräulein Buchheim läßt bitten, ihr die Waren sobald als möglich zu schicken.

Die Auskunft über Frau verw. Kunze, Brieg, lautet durchaus günstig; unsere Rechnung vom 18. Januar d. J. hat sie glatt bezahlt. Ich bitte deshalb, den Auftrag Nr. 294 nunmehr auszuführen.

Die nächste Post erbitte ich mir nach Oppeln (Schlesischer Hof); am 10. hoffe ich dort zu sein.

Hochachtungsvoll

E. Lindner.

## Auftrag Nr. 297

von Fräulein Klara Buchheim, Neiße.

| | | | | | | | |
|---|---|---|---|---|---|---|---|
| Nr. 4012. | 20 | Dtzd. | Küchenhandtücher | 48×100 | ℳ | 4.— | das Dutzend |
| „ 4107. | 12 | „ | Drellhandtücher | 48×110 | „ | 4.50 | „ „ |
| „ 2461. | 6 | „ | Taschentücher | 48×49 | „ | 4.— | „ „ |
| „ 762. | 3 | „ | Batisttaschentücher | 40×46 | „ | 8.— | „ „ |
| „ 740. | 2 | „ | do. | 30×37 | „ | 7.— | „ „ |

frei Neiße, zahlbar bei meiner nächsten Durchreise.

Neiße, d. 7. Juni 19..                E. Lindner.

### 57.

### Brief mit Rechnung.

Liegnitz, den 9. Juni 19..

Fräulein Klara Buchheim, Neiße.

Wir danken verbindlichst für den uns durch unseren Herrn Lindner erteilten Auftrag und beehren uns, Sie von dessen Ausführung zu benachrichtigen.

Die Waren sind heute franko an Sie abgegangen und werden hoffentlich Ihren Beifall finden. Für den Betrag beiliegender Rechnung wollen Sie uns nach Prüfung derselben mit ℳ 196.— erkennen.

Hochachtungsvoll

Rechnung

Jung & Meiner.

### 58.

### Mitteilung an den Reisenden.

Liegnitz, den 10. Juni 19..

Herrn E. Lindner, Oppeln (Schlesischer Hof).

Die uns vorgestern und gestern übermittelten Aufträge Nr. 295 bis 301 sind aufgabegemäß erledigt worden.

Die nächste Post schicken wir Ihnen nach Falkenberg (Bahnhofshotel).

Achtungsvoll

Jung & Meiner.

## 59.

### Beschwerde.

Neiße, den 18. Juni 19..

Herren Jung & Meiner, Liegnitz.

Soeben erhielt ich die mit Ihrem Schreiben vom 7. d. Mts. angezeigte Sendung. Bei der Prüfung finde ich, daß von den mir in Rechnung gestellten 20 Dutzend Küchenhandtüchern 2 Dutzend fehlen.

Ich bitte die Sache zu untersuchen und mir dann zu berichten.

Hochachtungsvoll

Klara Buchheim.

## 60.

### Bitte um Entschuldigung.

Liegnitz, den 19. Juni 19..

Fräulein Klara Buchheim, Neiße.

Wir sind im Besitz Ihres gestrigen Schreibens und haben mit Bedauern festgestellt, daß Ihnen, infolge eines Versehens, nur 18 statt der gewünschten 20 Dutzend Küchenhandtücher Nr. 4012 geschickt worden sind; die fehlenden 2 Dtzd. ließen wir Ihnen heute durch die Post zugehen.

Wir bitten, den Irrtum gütigst entschuldigen zu wollen.

Hochachtungsvoll

Jung & Meiner.

### Aufgabe XXXVII.

### Wirtschaftsgegenstände. Articles de ménage.

Es sind 8 Briefe nach folgenden Angaben anzufertigen.

I. Am 17. Oktober 19.. schicken Laurent & C^ie^, Paris, 43, rue Charlot, der Firma Gérard Toussin, Saint Claude (Jura), den Auftrag Nr. 609, der auf folgende Gegenstände lautet:

Nr. 1408. 10 Dtzd. Gewürzschränke mit 9 Kästen, Buchenholz poliert (boîte à épices, à 9 tiroirs, hêtre poli) Fr. 28.— d. Dtzd.;

„ 637. 6 „ Salatbestecke, vierzinkig, Olivenholz lackiert (couvert à salade, à 4 dents, bois olivier) Fr. 24.— d. Dtzd.;

„ 613. 6 „ Salatscheren, dreizinkig, Buchsbaum lackiert (couvert à salade, forme ciseaux, buis verni) Fr. 18.— d. Dtzd.;

„ 218. 1 Groß Serviettenringe, Olivenholz lackiert (coulant de serviette, bois olivier verni) Fr. 32.— d. Groß.

Lieferzeit: Ende des Monats; Zusendung: frei Verpackung und Fracht; Zahlung: Ende November mit 5% Rabatt.

II. Am 18. Oktober 19.. bestätigt Gérard Toussin, Saint Claude (Jura), den von der Firma Laurent & Cie, Paris, erhaltenen Auftrag Nr. 609 wörtlich; er sichert pünktliche Ausführung zu den angegebenen Bedingungen zu.

III. Am 24. Oktober 19.. schickt Gérard Toussin, Saint Claude, (Jura), Rechnung über die in Kiste L. C. 999. als Frachtgut an Laurent & Cie, Paris, abgesandten Waren; er bittet, ihn für deren Betrag mit Fr. 564.— zu erkennen und ihn auch fernerhin mit Aufträgen zu beehren.

IV. Am 29. Oktober 19.. zeigen Laurent & Cie, Paris, der Firma Gérard Toussin, Saint Claude (Jura), den Empfang der ihnen mit Brief vom 24. Oktober 19.. angemeldeten Waren an. Sie bedauern, daß 2 Dutzend Gewürzschränke infolge ungenügender Verpackung während der Reise sehr gelitten haben und teils zerbrochen, teils beschädigt worden sind. Sie stellen diesen Teil der Sendung den Absendern zur Verfügung und ersuchen, ihnen den Betrag dafür mit Fr. 56.— gutzubringen.

V. Am 30. Oktober 19.. spricht Gérard Toussin, Saint Claude (Jura), der Firma Laurent & Cie, Paris, sein Bedauern darüber aus, daß seine letzte Sendung Anlaß zu Beschwerde gegeben habe; wahrscheinlich sei die Kiste auf der Reise sehr schlecht behandelt worden. Er fragt an, ob es denn nicht möglich sei, die beschädigten Schränkchen in Paris ausbessern zu lassen und erklärt sich bereit, zur Deckung der Kosten Fr. 14.— = ½ Dutzend Schränkchen vom Rechnungsbetrage abzusetzen.

VI. Am 31. Oktober 19.. erklären sich Laurent & Cie, Paris, der Firma Gérard Toussin, Saint Claude (Jura), gegenüber mit dem Vorschlage einverstanden. Sie bitten, den Rechnungsbetrag gleichlautend auf Fr. 550.— herabzusetzen.

VII. Am 30. November 19.. schicken Laurent & Cie, Paris, der Firma Gérard Toussin, Saint Claude (Jura), einen Scheck über Fr. 522.50 auf Crédit du Nord. Sie bitten, mit diesem Betrage zuzüglich Fr. 27.50 = 5% Rabatt die Rechnung vom 24. Oktober zu begleichen.

VIII. Am 1. Dezember 19.. erteilt Gérard Toussin, Saint Claude (Jura), der Firma Laurent & Cie, Paris, Gutschrift über ihre Zahlung.

## Jouets d'enfants. Kinderspielzeug.

### Inhalt der Briefe 61—78.

**61.** Am 3. März 19.. fragt der Kommissionär Georges Masson, 22, rue de Paradis, Paris, bei der Firma Gebrüder Reinhold, Fürth in Bayern, an, ob sie geneigt wäre, ihm ihre Vertretung für Frankreich zu übergeben. Er gibt als Referenz die Firma Gérard & Dumont, 18, rue Martel, Paris, auf.

**62.** Am 5. März 19.. ersuchen Gebrüder Reinhold, Fürth in B., die Firma Gérard & Dumont, 18, rue Martel, Paris, um Auskunft über Georges Masson.

**63.** Am 7. März 19.. erteilen Gérard & Dumont, Paris, der Firma Gebrüder Reinhold, Fürth in B., die erbetene Auskunft.

**64.** Am 9. März 19.. erklären sich Gebrüder Reinhold, Fürth in Bayern, dem Kommissionär Georges Masson, 22, rue de Paradis, Paris, gegenüber bereit, ihm ihre Vertretung für Frankreich zu übertragen, wenn er in eine Abänderung der Provisionsbedingungen willige; sie übersenden Preisliste.

**65.** Am 12. März 19.. erklärt sich Georges Masson, Paris, mit den Vorschlägen von Gebrüder Reinhold, Fürth i. B., einverstanden; seinem Briefe liegen zwei Aufträge bei.

**66.** Am 15. März 19.. zeigen Gebrüder Reinhold, Fürth i. B., ihrem Spediteur R. Maus, 47, rue d'Hauteville, Paris, durch Formular an, daß sie 3 Kisten zur Weiterbeförderung an ihn abgehen lassen.

**67.** Am 15. März 19.. übersenden Gebrüder Reinhold, Fürth in Bayern, ihrem Vertreter, Georges Masson, Paris, die Rechnungen über die versandten Waren.

**68.** Am 18. März 19.. übermittelt Georges Masson, Paris, die von Gebrüder Reinhold, Fürth i. B., eingelaufene Rechnung an seine Auftraggeber Brasseur & Cibot, Paris.

**69.** Am 18. März 19.. übermittelt Georges Masson, Paris, die von Gebrüder Reinhold, Fürth i. B., eingelaufene Rechnung an seinen Auftraggeber Antoine Cornette, Versailles.

**70.** Am 6. April 19.. zeigt Spediteur R. Maus, Paris, der Firma Gebrüder Reinhold, Fürth i. B., die Weiterbeförderung der beiden Sendungen an.

**71.** Am 8. April 19.. übersenden Gebrüder Reinhold, Fürth in Bayern, der Firma Brasseur & Cibot, 13, rue Nationale, Paris, einen Rechnungsauszug.

**72.** Am 8. April 19.. übersenden Gebrüder Reinhold, Fürth in

Bayern, der Firma Antoine Cornette, Versailles, Rechnungsauszug und zeigen an, daß sie sich für den Betrag durch Tratte erholen.

73. Am 10. April 19.. übersenden Brasseur & Cibot, Paris, der Firma Gebrüder Reinhold, Fürth i. B., einen Scheck auf Vereinsbank Nürnberg in Zahlung.

74. Am 11. April 19.. sichert Antoine Cornette, Versailles, der Firma Gebrüder Reinhold, Fürth i. B., gute Aufnahme des auf ihn gezogenen Wechsels zu.

75. Am 12. April 19.. bekennen sich Gebrüder Reinhold, Fürth i. B., der Firma Brasseur & Cibot, Paris, gegenüber zum Empfange des Schecks.

76. Am 13. April 19.. erteilen Gebrüder Reinhold, Fürth i. B., der Firma Antoine Cornette, Versailles, Gutschrift über den Wechselbetrag.

77. Am 2. Juli 19.. überreicht Georges Masson, Paris, der Firma Gebrüder Reinhold, Fürth i. B., Provisionsabrechnung bis zum 30. Juni 19..

78. Am 4. Juli 19.. übermitteln Gebrüder Reinhold, Fürth i. B., der Firma Georges Masson, Paris, die fällige Provision in einem Scheck auf Crédit Lyonnais, Paris.

## 61.

### Un commissionnaire offre ses services.

22, rue de Paradis,

Paris, le 3 mars 19..

Messieurs Gebrüder Reinhold, Fürth i. B.

Sous les auspices de Messieurs Gérard & Dumont, 10, rue Martel, Paris, je prends la liberté de vous offrir mes services, pour le placement de vos articles en France et surtout à Paris.

Une longue expérience des affaires et de bonnes relations avec les premières maison de gros et de détail sur notre place, aussi bien que dans les principales villes de province, vous garantissent le succès de mes démarches, si vous secondez mes efforts par le bon choix des articles et par des prix équitables.

Voici mes conditions: 3% de commission pour toutes les affaires que vous ferez en France; frais de correspondance à votre charge.

Dans l'attente d'une réponse favorable, je vous présente, Messieurs, mes civilités empressées.

Georges Masson.

## 62.

### Demande de renseignements.

Fürth i. B., le 5 mars 19 . .

Messieurs Gérard & Dumont, Paris.

Monsieur Georges Masson, 22, rue de Paradis, Paris, se réfère à vous, en nous offrant ses services comme commissionnaire vendeur.

Nous vous serions très obligés de vouloir bien nous fournir quelques renseignements sur ce monsieur, en nous disant, notamment, si ses relations d'affaires sont telles que nous puissions lui confier notre représentation avec espoir de succès.

Nous vous demandons bien pardon de la peine que nous vous donnons et nous remercions d'avance de votre obligeance, en vous priant de disposer de nous, chaque fois que nous pourrons vous être utiles.

Recevez, Messieurs, nos salutations empressées.

Gebrüder Reinhold.

## 63.

### Renseignement favorable.

Paris, le 7 mars 19 . .

Messieurs Gebrüder Reinhold, Fürth i. B.

Comme suite à votre honorée du 5 courant, nous ne saurions assez vous recommander M. Masson, représentant aussi actif et intelligent que prudent.

Nous sommes certains que M. Masson, qui est très bien vu de la clientèle, fera tout son possible pour vous procurer de gros débouchés et nous nous tenons à votre entière disposition si vous désirez avoir sur lui de plus amples informations.

Recevez, Messieurs, nos salutations empressées.

Gérard & Dumont.

## 64.

### Propositions.

Fürth i. B., le 9 mars 19 . .

Monsieur Georges Masson, Paris.

Nous vous remercions beaucoup de votre offre du 3 courant et serons très heureux de vous confier notre représentation pour Paris et la France, si nos conditions vous conviennent

Nous vous allouerons, outre les frais de correspondance, une commission de 3 pour cent sur le chiffre total des factures payées. Le règlement se fera deux fois par an, fin juin et fin décembre.

Nous devons excepter cependant les affaires que nous traitons à Leipzig, avec les clients français qui viennent y faire leurs achats. Nos frais d'installation pour la foire de Leipzig sont tels que nos prix ne supporteraient pas l'augmentation de 3%. Nous vous demandons donc de réduire votre commission de 3% à 1% pour les clients qui achètent directement à Leipzig.

Dans l'espoir que vous serez d'accord avec nous sur ce point et que nous pourrons compter sur votre activité pour placer nos articles, nous vous adressons, dès aujourd'hui, notre prix courant.

Recevez, Monsieur, nos salutations empressées.

Gebrüder Reinhold.

## 65.

### Acceptation de la représentation. Ordres.

22, rue de Paradis,
Paris, le 12 mars 19 . .

Messieurs Gebrüder Reinhold, Fürth i. B.

J'accepte votre représentation pour la France et Paris, aux conditions stipulées dans votre lettre du 9 courant, savoir:

Une commission de 3% me sera allouée sur le montant total des factures payées. Cette commission sera réduite à 1% pour des affaires conclues par vous, directement, à la foire de Leipzig. Mes débours et frais de bureau sont à votre charge. Je vous adresserai, tous les six mois, fin juin et fin décembre, le bordereau de mes débours et ma note de commission.

J'ai réussi hier à vous procurer quelques ordres. Veuillez les exécuter tout de suite et faire expédier, en port dû, à l'adresse de mon commissionnaire de transports, Monsieur R. Maus, 47, rue d'Hauteville, Paris, chargé des formalités en douane et de la réexpédition.

Recevez, Messieurs, mes salutations empressées.

2 Bons.

Georges Masson.

## Première commande.

Nº de la Con. 1. Paris, le 12 mars 19 . .

Commis à: Messieurs Gebrüder Reinhold, Fürth i. B.

Livrable: tout de suite, par l'entremise de Monsieur R. Maus, 47, rue d'Hauteville, Paris, à:

Messieurs Brasseur & Cibot, Paris.

| № | Quantité | Désignation des articles | Prix |
|---|---|---|---|
| 321 | 1 douz. | moutons peau, sur roulettes, hauteur 18 c/m à Fr. | 48.— |
| 205 | 2 „ | animaux peau, assortis, têtes mobiles à „ | 64.— |
| 114 | ½ „ | arches de Noë garnies d'animaux vernis à „ | 136.— |
| 824 | 1 „ | bateaux mécaniques à clef, longueur 15 c/m à „ | 60.— |
| 921 | 3 „ | „ aimantés, longueur 15 c/m à „ | 10.— |

Pris en gare expéditrice; règlement au comptant.

## Deuxième commande.

Nº de la Con. 2. Paris, le 12 mars 19 . .

Commis à: Messieurs Gebrüder Reinhold, Fürth i. B.

Livrable: tout de suite, par l'entremise de Monsieur R. Maus, 47, rue d'Hauteville, Paris, à:

Monsieur Antoine Cornette, Versailles.

| № | Quantité | Désignation des articles | Prix |
|---|---|---|---|
| 326 | 2 douz. | moutons peau, sur roulettes, hauteur 16 c/m à Fr. | 30.— |
| 213 | 3 „ | animaux peau, assortis, têtes mobiles à „ | 42.— |
| 117 | 1 „ | arches de Noë garnies d'animaux à „ | 72.— |
| 840 | 2 „ | bateaux mécaniques à clef, longueur 10 c/m à „ | 22.— |
| 928 | 2 „ | „ aimantés, longueur 12 c/m à „ | 6.— |

Prisen gare expéditrice; règlement par traite à 90 jours.

## 66.

*Gebrüder Reinhold.*
*Spielwaren.*

# *Bordereau* № 764

Téléphone 234.
Reichsbank Girokonto.

*Fürth i. B., le 15 mars 19 . .*

Monsieur R. Maus, Sucesseur, 47, rue d'Hauteville, Paris.

Vous recevrez, par petite vitesse, en port dû, pour être réexpédiées:

| Marque | № | Nombre | Espèce | Contenu | Kilos | Valeur | Destinataire: | Destination: | Observations. | Remboursement |
|---|---|---|---|---|---|---|---|---|---|---|
| G. R. | 189 | 1 | caisse | Jouets en bois et en fer. | | Fr. 340.— | Brasseur & Cibot | Paris | pour l'exportation | — |
| " | 190 | 2 | " | | | " 322.— | Antoine Cornette | Versailles | " | — |
| " | 191 | | | | | | | | | |

**L'exemption des droits, soit à l'entrée, soit à la sortie, ne dispense pas de faire à la douane les déclarations prescrites par la loi, sous peine d'amende, à défaut de déclaration ou au cas de fausse déclaration.**

☞ Dieses Formular ist mit dem Speditionsauftrag auf Seite 108 zu vergleichen. ☜

## 67.

Avis d'expédition.

Monsieur Georges Masson, Paris.

Fürth i. B., le 15 mars 19..

Nous avons l'honneur de vous annoncer que, comme suite à vos ordres 1 et 2 du 12 courant, nous venons d'expédier, à vos commettants, par l'entremise de M. R. Maus, Successeur, à Paris:

G. R. 189—191, 3 caisses jouets d'enfants.

Nous vous remettons, sous pli, les factures à cet envoi et vous prions de faire le nécessaire à ce sujet.

Dans l'attente de vos nouveaux ordres, nous vous présentons, Monsieur, nos salutations empressées.

2 factures. Gebrüder Reinhold.

## 68.

Réexpédition de la facture.

22, rue de Paradis,

Paris, le 18 mars 19..

Messieurs Brasseur & Cibot, Paris.

D'ordre et pour compte de MM. Gebrüder Reinhold, Fürth i. B., je vous remets facture aux marchandises que vous m'avez commandées le 11 courant, s'élevant à Fr. 340.—, valeur fin courant.

Veuillez passer écriture conforme et agréez, Messieurs, mes salutations empressées.

facture. Georges Masson.

## 69.

Envoi de l'autre facture.

22, rue de Paradis,

Paris, le 18 mars 19..

Monsieur Antoine Cornette, Versailles.

D'ordre et pour compte de MM. Gebrüder Reinhold, Fürth i. B., je vous remets facture aux marchandises que vous m'avez commandées le 11 courant, s'élevant à Fr. 322.—, payable à 90 jours de date.

Veuillez passer écritures conformes et agréez, Monsieur, mes sincères salutations.

facture.

Georges Masson.

## 70.

### Avis de réexpédition.

Messieurs Gebrüder Reinhold, Fürth i. B.

J'ai l'honneur de vous informer que j'ai reçu et réexpédié les marchandises dont votre bordereau N° 764 du 15 mars dernier me donnait avis.

Toujours bien dévoué à vos ordres, je vous prie d'agréer, Messieurs, mes salutations distinguées.

Paris, le 6 avril 19 . .

R. Maus.

## 71.

### Relevé de compte.

**Gebrüder Reinhold.**

F° 108. Fürth i. B., le 8 avril 19 . .

Messieurs Brasseur & Cibot, Paris.

Doit

| | | | | | |
|---|---|---|---|---|---|
| Mars | 15 | Notre facture | Fr. | 340 | -- |
| | | Payable au comptant. | | | |

Agréez, Messieurs, nos salutations empressées.

Gebrüder Reinhold.

## 72.

### Relevé de compte. Traite à l'acceptation.

**Gebrüder Reinhold.**

F° 109. Fürth i. B., le 8 avril 19 . .

Monsieur Antoine Cornette, Versailles.

Doit

| | | | | | |
|---|---|---|---|---|---|
| Mars | 15 | Notre facture | Fr. | 322 | -- |
| | | Payable en notre traite à 90 jours. | | | |

Nous avons l'honneur de vous informer que, pour nous couvrir du montant de cette facture, nous avons fourni sur vous par notre traite de:

Fr. 322.—, au 15 juin prochain.

Veuillez réserver bon accueil à cette disposition et nous faire vos observations, s'il y a lieu, d'ici au 15 courant.

Recevez, Monsieur, nos civilités empressées.

1 traite.

Gebrüder Reinhold.

## 73.

### Règlement par chèque.

Paris, le 10 avril 19..

Messieurs Gebrüder Reinhold, Fürth i. B.

Nous vous remettons, sous ce pli, pour solde de votre facture du 15 mars dernier:

Fr. 340.—, en un chèque N° 71, sur Vereinsbank Nürnberg.

Veuillez nous en accuser réception, par retour du courrier.

Agréez, Messieurs, nos salutations empressées.

1 chèque.

Brasseur & Cibot.

## 74.

### Règlement par traite.

Versailles, le 11 avril 19..

Messieurs Gebrüder Reinhold, Fürth i. B.

J'ai l'avantage de vous informer que bon accueil sera réservé à la traite dont votre lettre du 8 courant me portait avis.

Veuillez en créditer mon compte, pour solde de votre facture du 15 mars dernier, au montant de:

Fr. 322.—, au 15 juin prochain.

Agréez, Messieurs, mes sincères salutations.

Antoine Cornette.

## 75.

### Accusé de réception.

Fürth i. B., le 12 avril 19 . .

Messieurs Brasseur & Cibot, Paris.

Nous avons l'honneur de vous accuser réception de votre lettre du 10 courant, renfermant:

N° 71, chèque de Fr. 340.—, sur Vereinsbank Nürnberg,

à votre crédit, valeur ce jour.

Recevez, Messieurs, nos salutations distinguées.

Gebrüder Reinhold.

## 76.

### Avis d'écriture pour solde.

Fürth i. B., le 13 avril 19 . .

Monsieur Antoine Cornette, Versailles.

Nous avons l'honneur de vous informer que vous êtes crédité, sous les réserves d'usage, de:

Fr. 322.—, 15 juin prochain,

pour solde de notre facture du 15 mars dernier.

Recevez, Monsieur, nos sincères salutations.

Gebrüder Reinhold.

## 77.

### Arrêté du compte de commission.

22, rue de Paradis,

Paris, le 2 juillet 19 . .

Messieurs Gebrüder Reinhold, Fürth i. B.

J'ai l'avantage de vous remettre, sous ce pli, mon compte de commission et le bordereau de mes débours, arrêtés fin juin dernier, d'un total de:

Fr. 865.95

dont veuillez me créditer, après vérification.

Recevez, Messieurs, mes civilités empressées.

Bordereau.

Georges Masson.

## 78.

### Règlement de la commission.

Fürth i. B., 4 juillet 19..

Monsieur Georges Masson, Paris.

Votre lettre du 2 courant renfermait votre compte de commission, arrêté fin juin dernier.

Après vérification, nous en avons passé écriture conforme et vous remettons, pour solde à fin juin dernier:

N° 793, chèque de Fr. 865.95, sur le Crédit Lyonnais de v/v.

Dans l'attente de vos prochains ordres, nous vous présentons, Monsieur, nos civilités empressées.

Chèque. Gebrüder Reinhold.

### Aufgabe XXXVIII.

I. Rechnung. Die Rechnung zu Brief 68 ist auf Grund von Bestellzettel 1 auszuschreiben; für Verpackung sind 6 Franken anzusetzen.

II. Rechnung. Die Rechnung zu Brief 69 ist auf Grund von Bestellzettel 2 auszuschreiben; für Verpackung sind 8 Franken anzusetzen.

III. Tratte. Die Tratte zu Brief 72 ist auszuschreiben. Aussteller: Gebrüder Reinhold; Bezogener: Antoine Cornette, Versailles; Order: eigene; Wechselsumme: Fr. 322.—; Verfall: 15. Juni 19 . .

IV. Scheck. Der Scheck zu Brief 73 ist auszuschreiben. Brasseur & Cibot, Paris, haben bei der Banque Parisienne, Paris, einen Scheck auf Vereinsbank Nürnberg gekauft.

## Blumenvasen, Fruchtschalen. Vases à fleurs, coupes à fruits.

Die Briefe 79—96 sind zu übersetzen.

## 79.

### Ein Kommissionär bietet seine Dienste an.

5, Place de la Bourse, 5.

Marseille, den 12. Februar 19 . .

Herren Martin & Rost, Berlin.

Ich gestatte mir, bei Ihnen anzufragen, ob Sie geneigt sind, mir den Verkauf Ihrer Erzeugnisse für Frankreich zu übertragen.

Ich bin lange als Reisender und Vertreter für große Firmen tätig gewesen, die Ihre Artikel führen, und deshalb bei Ihren Abnehmern gut eingeführt. Daher glaube ich, Ihnen einen bedeutenden

Absatz sicher in Aussicht stellen zu können, wenn Sie meine Bemühungen durch billige Preise und günstige Bedingungen unterstützen.

Sollten Sie meinem Antrag stattgeben, so berechne ich Ihnen 3% Provision für Aufträge von Kunden, die ich Ihnen neu zuführe, und 2% für solche von Firmen, mit denen Sie bereits in Geschäftsverbindung stehen. Meine Barauslagen für Briefe, Ferngespräche und Depeschen im Verkehr mit Ihnen und der Kundschaft gehen ebenfalls zu Ihren Lasten. Die unten genannten Firmen sind in der Lage, Ihnen über mich jede gewünschte Auskunft zu erteilen.

Ihrer baldigen Entschließung gern gewärtig, zeichne ich

Referenzen: Hochachtungsvoll

Henri Jouffroy & Cie, Paris. Chles Leblond.

Léon Roublard, Marseille.

## 80.

### Bitte um Auskunft.

Berlin SW, den 14. Februar 19..
Möckernstraße 24.

Herrn Léon Roublard, Marseille.

Ein Herr Chles Leblond, dort, 5, Place de la Bourse, bietet uns seine Dienste als Verkäufer an, wobei er sich auf Sie beruft.

Sie würden uns einen großen Dienst erweisen, wenn Sie uns mitteilen wollten, ob der Genannte Ihnen bekannt ist und ob Sie ihn uns empfehlen können.

Wir danken Ihnen im voraus für Ihre Gefälligkeit und stehen zu Gegendiensten stets gern zu Ihrer Verfügung.

Hochachtungsvoll

Martin & Rost.

## 81.

### Günstige Auskunft.

Marseille, den 15. Februar 19..

Herren Martin & Rost, Berlin.

In umgehender Erledigung Ihrer Anfrage vom 15. d. M. teile ich Ihnen ergebenst mit, daß mir Herr Chles Leblond seit vielen Jahren wohlbekannt ist und ich ihn nur bestens empfehlen kann.

Er ist sehr tätig und umsichtig, bei der Kundschaft gut eingeführt und bei der Marseiller Kaufmannschaft wohl angesehen.

Sollten Sie weitere Auskunft über ihn wünschen, so stehe ich jederzeit gern zu Diensten.

Hochachtungsvoll

Léon Roublard.

## 82.

### Vorschläge.

Berlin SW, den 17. Februar 19 . .
Möckernstraße 24.

Herrn Ch^les^ Leblond, Marseille.

Im Besitz Ihres Schreibens vom 12. d. Mts., sind wir gern bereit, Ihnen unsere Vertretung für Südfrankreich zu übertragen. Im Norden werden wir bereits durch Herrn Jean Lambert, Paris, vertreten, mit dessen Diensten wir durchaus zufrieden sind, so daß wir zurzeit keinen Grund haben, einen Wechsel eintreten zu lassen.

Wir sind ferner bereit, Ihnen die geforderte Provision von 3% für alle von neuen Kunden eingehenden Fakturenbeträge und eine solche von 2% für Bestellungen von Firmen, mit denen wir bereits in Verbindung stehen, zu gewähren. Mit halbjährlicher Abrechnung sind wir einverstanden und werden Ihnen Ihre Barauslagen wie üblich zurückerstatten.

Wir senden Ihnen unsere soeben erschienene Preisliste unter Kreuzband zu und rechnen, für den Fall Ihrer Zusage, auf Ihre tatkräftige Unterstützung bei Einführung unserer Artikel.

Hochachtungsvoll

Martin & Rost.

## 83.

### Übernahme der Vertretung.

5, Place de la Bourse,
Marseille, den 15. Februar 19 . .

Herren Martin & Rost, Berlin.

Aus Ihrer Zuschrift vom 15. d. Mts. ersah ich, daß Sie für Nordfrankreich bereits einen geeigneten Vertreter besitzen und daß sich die Vertretung, die Sie mir übertragen, auf Südfrankreich beschränkt. Da ich in Lyon, Bordeaux, Toulon und hier am Platze gut eingeführt bin, so kann ich Ihnen gleichwohl einen guten Absatz in sichere Aussicht stellen; ich erkläre mich deshalb damit einverstanden, daß meine Tätigkeit sich zunächst nur auf den Süden Frankreichs zu erstrecken hat. Über meine Provision in Höhe von 3 Prozent für neue und von 2 Prozent für alte Kunden, sowie über meine Verläge werde ich Ihnen je Ende Juni und Dezember Abrechnung zuschicken. Die mir übersandte Preisliste konnte ich bereits verwerten. Ich bitte die beiliegenden Aufträge baldigst zu erledigen.

Hochachtungsvoll

2 Aufträge.

Ch^les^ Leblond.

Erster Auftrag.

Marseille, den 19. Februar 19 . .

## Auftrag Nr. 1

von Monsieur André Royer.
13, rue Delpech, Montpellier (Hérault).
Bedingungen: ab Fabrik; gegen Kasse mit 2% Skonto.

| Anzahl: | Gegenstände: | Preis: | |
|---|---|---|---|
| 1 Dtzd. | Blumenschalen Nr. 318. Dtzd. ℳ | 160 | — — |
| 2 „ | Fruchtschalen „ 207. „ „ | 75 | — — |
| 4 „ | Blumenhalter „ 86. „ „ | 36 | — — |

Zweiter Auftrag.

Marseille, den 19. Februar . .

## Auftrag Nr. 2

von Monsieur Frédéric Gérard.
23, B$^{d}$ Victor Hugo, Nîmes (Gard).
Bedingungen: ab Fabrik; netto gegen Dreimonatwechsel.

| Anzahl: | Gegenstände: | Preis: | |
|---|---|---|---|
| 2 Dtzd. | Blumenschalen Nr. 312. Dtzd. ℳ | 110 | — — |
| 3 „ | Fruchtschalen „ 201. „ „ | 54 | — — |
| 1 „ | Blumenhalter „ 82. „ „ | 42 | — — |

84.

## Speditionsauftrag für: Berliner Spediteurverein, Berlin.

Wir bitten, die nachstehend verzeichneten Güter wie beistehend angegeben zu expedieren.

| Zeichen und Nummer | Zahl | Verpackung | Inhalt | Brutto- Gewicht kg | Netto- Gewicht kg | Empfänger: | Bestimmungsort: | Wert zur Versicherung | Bemerkungen |
|---|---|---|---|---|---|---|---|---|---|
| M.R.311 | 1 | Kiste | Metallwaren | 74 | $63^1/_2$ | André Royer | Montpellier | Fr. 560 | Zur Ausfuhr |
| „ „ 312 | 1 | „ | „ | 68 | 59 | Frédéric Gérard | Nîmes | „ 530 | „ „ |

Berlin SW., den 24. Februar 19 . .
Möckernstraße 24.

**Martin & Rost.**

Der Wert der Waren muß unbedingt angegeben sein, selbst wenn diese nicht zollpflichtig sind. Unvollständige oder unrichtige Angaben werden gesetzlich bestraft.

☛ Dieses Formular ist mit dem Bordereau 764 auf Seite 99 vergleichen. ☚

## 85.

### Versandanzeige.

Berlin SW, den 24. Februar 19..
Möckernstraße 24.

Herrn Ch[les] Leblond, Marseille.

Wir beehren uns Ihnen anzuzeigen, daß wir die mit Ihrem Schreiben vom 19. d. Mts. übersandten Aufträge 1 und 2 bestens ausgeführt und die Sendungen dem Berliner Spediteurverein hier unfrankiert zur Beförderung an die Adressaten übergeben haben.

Beigeschlossen überreichen wir Ihnen Rechnung über die in

2 Kisten, gez. M. R. 311, 312,

verpackten Waren mit der Bitte, das Erforderliche zu veranlassen.

Ihren weiteren Aufträgen gern entgegensehend, zeichnen wir

Hochachtungsvoll

Martin & Rost.

2 Rechnungen.

## 86.

### Weitergabe der Rechnung.

5, Place de la Bourse,
Marseille, den 27. Februar 19..

Herrn André Royer, Montpellier.

Im Auftrage der Firma Martin & Rost, Berlin, überreiche ich Ihnen Rechnung über die mir am 19. d. Mts. mündlich bestellten Waren.

Hochachtungsvoll

Ch[les] Leblond.

1 Rechnung.

## 87.

### Übermittelung der Rechnung.

5, Place de la Bourse,
Marseille, den 27. Februar 19..

Herrn Frédéric Gérard, Nîmes.

Im Auftrage der Firma Martin & Rost, Berlin, überreiche ich Ihnen Rechnung über die mir am 19. d. Mts. mündlich bestellten Waren.

Hochachtungsvoll

Ch[les] Leblond.

1 Rechnung.

### 88.

Weiterbeförderungsanzeige.

Berlin, den 27. Februar 19 . .

Herren Martin & Rost, Berlin.

Wir zeigen Ihnen ergebenst an, daß wir den uns am 24. d. Mts. erteilten Speditionsauftrag bestens erledigten.

Stets gern zu Ihren Diensten, zeichnen wir

mit größter Hochachtung

Berliner Spediteurverein

Kluge.

### 89.

Rechnungsauszug.

**Kontoauszug.**

F° 422. Berlin SW, den 2. April 19 . .

Möckernstraße 24.

Herr André Royer, 13, rue Delpech, Montpellier,

an Martin & Rost. *Soll*

| | | | | | | | | | |
|---|---|---|---|---|---|---|---|---|---|
| Februar | 24. | Für gelieferte Waren ℳ | | | 4 | 6 | 2. | 5 | 0 |
| | | Gegen Kasse 2% Skonto | | | | | | | |

### 90.

Rechnungsauszug und Trattenanzeige.

**Kontoauszug.**

F° 423. Berlin SW., den 2. April 19 . .

Möckernstraße 24.

Herr Frédéric Gérard, 23, Bd Victor Hugo, Nîmes,

an Martin & Rost. *Soll*

| | | | | | | | | | |
|---|---|---|---|---|---|---|---|---|---|
| Februar | 24. | Für gelieferte Waren ℳ | | | 4 | 3 | 2. | — | — |

Wir erlaubten uns, vorstehenden Betrag von ℳ 432.— zum Tageskurs 122½ mit Fr. 529.20, Wert 31. Mai d. J., auf Sie zu entnehmen und bitten, unserer Tratte bei Vorkommen gute Aufnahme zu bereiten.

Hochachtungsvoll

Martin & Rost.

## 91.

### Regelung durch Scheck.

Montpellier, den 5. April ..

Herren Martin & Rost, Berlin.

Zur Ausgleichung Ihrer Rechnung vom 24. Februar d. J. behändige ich Ihnen beiliegend:

ℳ 453.25, Scheck auf Berliner Maklerverein, dort, die Sie mir
zuzüglich „ 9.25, 2% Skonto mit
ℳ 462.50 unter Empfangsanzeige gutbringen wollen.

Hochachtungsvoll

1 Scheck.

André Royer.

## 92.

### Regelung durch Tratte.

Nîmes, den 5. April 19 ..

Herren Martin & Rost, Berlin.

Die mit Ihrem Kontoauszug vom 2. April d. Js. angezeigte Tratte in Höhe von Fr. 529.20, ist vorgemerkt. Ich bitte, mich dafür mit: ℳ 432.— zum Ausgleich Ihrer Rechnung vom 24. Februar d. J. unter Anzeige erkennen zu wollen.

Hochachtungsvoll

Frédéric Gérard.

## 93.

### Empfangsbestätigung.

Berlin SW, den 6. April 19 ..
Möckernstraße 24.

Herrn André Royer, Montpellier.

Ihrer Zuschrift vom 5. d. Mts. entfalteten wir:

ℳ 453.25, auf Berliner Maklerverein, Berlin, die wir
zuzüglich „ 9.25, 2% Skonto, mit
ℳ 462.50, verbindlichst dankend zum Ausgleich unserer Rechnung vom 24. Februar a. c. verwendet haben.

Ihren ferneren Diensten gern gewidmet, zeichnen wir

Hochachtungsvoll

Martin & Rost.

## 94.

### Buchungsanzeige.

Berlin SW, den 7. April 19..
Möckernstraße 24.

Herrn Frédéric Gérard, Nîmes.

Auf Ihre Zuschrift vom 5. d. Mts. teilen wir Ihnen ergeben mit, daß wir Ihr Konto mit Fr. 529.20 zum Ausgleich unserer Rechnung vom 24. Februar d. J. in Höhe von ℳ 432.— u. ü. V. erkannt haben.

Ihrer weiteren Aufträge gern gewärtig, zeichnen wir

mit Hochachtung

Martin & Rost.

## 95.

### Abschlußrechnung über Provision.

5, Place de la Bourse.
Marseille, den 2. Juli 19..

Herren Martin & Rost, Berlin.

In der Anlage überreiche ich Ihnen Abrechnung über ℳ 386.50, Provision und Verläge, mit der Bitte um gefl. Prüfung und Gutschrift.

Hochachtungsvoll

Ch[les] Leblond.

## 96.

### Anschaffung der Provision.

Berlin SW, den 4. Juli 19..
Möckernstraße 24.

Herrn Ch[les] Leblond, Marseille.

Den uns mit Ihrem Schreiben vom 2. d. Mts. übersandten Auszug der Ihnen zustehenden Provisionen und Verläge haben wir richtig befunden und überreichen Ihnen den Gegenwert mit Fr. 473.45 zum Kurs von $122^1/_2$ in einem Scheck auf Crédit Lyonnais.

Wir sehen weiteren Aufträgen gern entgegen und begrüßen Sie

hochachtungsvoll ergebenst

1 Scheck.

Martin & Rost.

## Aufgabe XXXIX.

I. Rechnung. Die Rechnung zu Brief 86 ist auf Grund des Auftrags 1, Brief 83, auszuschreiben; für Verpackung sind ℳ 8.50 anzusetzen.

II. Rechnung. Die Rechnung zu Brief 87 ist auf Grund von Auftrag 2, Brief 83, auszuschreiben; für Verpackung sind ℳ 8.— anzusetzen.

III. Tratte. Die zu Brief 90 gehörige Tratte ist auszuschreiben. Trassanten: Martin & Rost, Berlin; Trassat: Frédéric Gérard, Nîmes; Remittent: Berliner Bankverein; Betrag: Fr. 529.20; Wert: 31. Mai 19 . .

IV. Scheck. Der Scheck zu Brief 91 ist auszuschreiben· Da der Aussteller André Royer, Montpellier, kein Bankguthaben in Berlin besitzt, so hat er den Scheck bei seinem Bankhause, der Filiale des Crédit Lyonnais, Montpellier, gekauft.

## Aufgabe XL.

### Seidenmusseline. Mousselines de soie.

Anfertigung von 12 Briefen auf Grund folgender Angaben:

I. Am 26. Mai 19 . . fragt Jean Roussel, Lyon, bei Martin & Werner, Berlin, an, ob sie bereit seien, seine Vertretung zu übernehmen. Er teilt mit, daß er beabsichtige, seine neuesten Modestoffe direkt nach Deutschland zu verkaufen. Martin & Werner seien ihm von Rocher & Cie, Paris, empfohlen worden; er werde sich freuen, wenn sie den Verkauf seiner Waren übernehmen wollten. Bedingungen: 3% Provision auf alle in Deutschland abgeschlossenen Käufe; 1½% auf solche, die in Lyon getätigt werden; Rückvergütung aller Auslagen; Abrechnung je am 30. Juni und 31. Dezember. Ein Verzeichnis seiner Spezialitäten fügt er bei und bittet um schnelle Beantwortung seiner Anfrage.

Rayon 6. Mousselines.

| Numéros: | Articles: | Largeur: cm | Prix: Francs: |
|---|---|---|---|
| 12816 | mousseline unie mate (glatt matt) | 10—120 | 0,85 à 3,00 le mètre |
| 13426 | mousseline unie brillante (glatt [ungemustert] glänzend) | " | 0,75 à 2,50 " |
| 15701 | mousseline imprimée (gemustert) | 60—110 | 2,60 à 6,10 " |
| 13693 | mousseline brochée (durchwirkt) | " | 3,15 à 9,25 " |
| 10884 | mousseline brodée (gestickt) | " | 4,50 à 15,60 " |
| 11009 | mousseline appliquée (verziert) | " | 2,50 à 12,00 " |

Conditions:

au comptant 2% d'escompte, net 90 jours, sans le mois; livraison à domicile, franco port et droit de douane.

II. Am 29. Mai 19 .. erklären sich Martin & Werner, Berlin, bestens dankend bereit, den Vertrieb der Musseline für Rechnung der Firma Jean Roussel, Lyon, zu den ihnen bekannt gegebenen Bedingungen, die sie einzeln wiederholen, zu übernehmen. Sie bitten, ihnen entweder die Rechnungen zur Übermittelung an die Käufer einzusenden oder ihnen jedesmal eine Abschrift davon zugehen zu lassen. Sie erklären, daß sie nur mit ganz zuverlässigen, zahlungsfähigen Firmen arbeiten und bitten um Zusendung der Ausfallmuster (patron) der neuesten Modeartikel in gestickter und durchwirkter Ware.

III. Am 31. Mai benachrichtigt Jean Roussel, Lyon, die Firma Martin & Werner, Berlin, von der Absendung der Ausfallmuster seiner neuesten Modesachen, die in Paris sehr gesucht seien. Er hofft, daß sie auch in Berlin und anderen deutschen Städten Beifall finden werden.

IV. Am 12. Juni 19 .. zeigen Martin & Werner, Berlin, der Firma Jean Roussel, Lyon, an, daß es ihnen gelungen sei, trotz der sehr hohen Preise 2 Aufträge, die sie unter Nr. 1 und 2 beilegen, zu erlangen. Sie bitten um ganz besonders sorgfältige Ausführung der Bestellungen und bemerken, daß sie nur unter der Bedingung erteilt worden sind, daß die Waren sofort — spätestens binnen 3 Tagen — abgeschickt würden.

Auftrag 1.

für: M. Jean Roussel, Lyon.

von: Herrn Karl Wiesner, Berlin.

| Nummer: | | Breite: | Preis: Franken |
|---|---|---|---|
| 13 693 | 60 Meter durchwirkter Seidenmusselin . . . | 1 m 10 | 7.95 d. Meter |
| 10 884 | 30 Meter gestickter Seidenmusselin . . . | 1 „ 15 | 11.85 „ „ |

Probegemäß, zoll- und frachtfrei Berlin, Barzahlung mit 2% Skonto.

Auftrag 2.

für: M. Jean Roussel, Lyon.
von: Firma Leinert & Co., Leipzig.

| Nummer: | | Breite: | Preis: Franken |
|---|---|---|---|
| 11 009 | 30 Meter verzierter Seidenmusselin . . . | 1 m 10 | 4.80 d. Meter |
| 15 701 | 30 Meter bedruckter Seidenmusselin . . . | 1 „ 15 | 5.95 „ „ |

Probegemäß, zoll- und frachtfrei Leipzig, Zahlung gegen Dreimonatstratte.

V. Am 15. Juni 19 . . schickt Jean Roussel, Lyon, der Firma Martin & Werner, Berlin, die Rechnungen für Karl Wiesner, Berlin, und Leinert & Co., Leipzig, mit der Bitte zu, sie an diese Firmen weiterzugeben. Die Aufträge seien mit größter Sorgfalt sofort ausgeführt worden; die Käufer würden gewiß mit der Ware sehr zufrieden sein.

VI. Am 18. Juni 19 . . teilen Martin & Werner, Berlin, der Firma Jean Roussel, Lyon, mit, daß sie die Rechnungen an die beiden Besteller Karl Wiesner, Berlin, und Leinert & Co., Leipzig, übermittelt haben. Sie bitten um Vervollständigung ihrer Mustersammlung und hoffen, bald weitere Bestellungen folgen lassen zu können.

VII. Am 1. Juli 19 . . schickt Jean Roussel, Lyon, der Firma Karl Wiesner, Berlin, Kontoauszug in Höhe von Fr. 832.50; Wert 30. Juni, 2% Skonto gegen bar.

VIII. Am 1. Juli 19 . . sendet Jean Roussel, Lyon, der Firma Leinert & Co., Leipzig, Kontoauszug über Fr. 322.50. Er zeigt an, daß er sich für diesen Betrag durch Wechsel, Wert 30. September, erholt habe und bittet, seiner Tratte bei Vorkommen gute Aufnahme zu bereiten.

IX. Am 3. Juli 19 . . überweist Karl Wiesner, Berlin, der Firma Jean Roussel, Lyon, den Rechnungsbetrag Fr. 832.50 abzüglich Fr. 16.65 = 2% Skonto, in einem Scheck mit Fr. 815.85 auf den Crédit Lyonnais und bittet, ihn unter Anzeige dafür zu erkennen.

X. Am 4. Juli 19 . . zeigen Leinert & Co., Leipzig, der Firma Jean Roussel, Lyon, an, daß sie der angemeldeten Tratte bei Vorkommen gute Aufnahme zur Ausgleichung seiner Rechnung vom 15. Juni d. J. bereiten.

XI. Am 5. Juli 19 . . bekennt sich Jean Roussel, Lyon, zum Empfang des ihm von der Firma Karl Wiesner übersandten Schecks, mit dem er seine Rechnung vom 15. Juni d. J. ausgeglichen habe.

XII. Am 6. Juli 19 . . dankt Jean Roussel, Lyon, der Firma Leinert & Co., Leipzig, für ihre Mitteilung und bittet, ihn auch fernerhin mit Aufträgen zu beehren.

# Abkürzungen (Abréviations.)

| | |
|---|---|
| Arr$^{t}$, arr$^{t}$ = arrondissement | Bezirk, Distrikt. |
| B. B. = billet de banque | Banknote. |
| B$^{d}$, Boul$^{d}$ = boulevard | Wall-Ring-straße. |
| B. P. = bon pour | für, gut für. |
| B$^{t}$ = brut, poids brut | Bruttogewicht. |
| % = cent; pour cent | hundert, Prozent. |
| c. = centime | Centime. |
| c. à d. = c'est à dire | das heißt; nämlich. |
| Ch$^{les}$ = Charles | Karl. |
| C$^{ie}$ = compagnie | Kompagnie, Co. |
| c/m = centimètre | Zentimeter. |
| C$^{on}$ = commission | Auftrag. |
| C$^{que}$ = contremarque | Gegen-Referenz-Nummer. |
| c$^{t}$, cour. = courant | laufend; d. M.; ds Mts. |
| X$^{bre}$, 10$^{bre}$, déc$^{bre}$ = décembre | Dezember. |
| 2$^{e}$, 2$^{d}$, 2$^{de}$ = deuxième, second-e | zweiter, zweite. |
| Doi$^{t}$ = doit, doivent | schuldet, schulden. |
| dz, douz. = douzaine | Dutzend, Dutz., Dtzd. |
| éch$^{on}$, échant$^{on}$ = échantillon *m.* | Muster, Probe. |
| esc., esc$^{te}$, es$^{te}$ = escompte *m.* | Skonto, Diskont. |
| E. V. = en ville | hier. |
| ex. = exemple; p. ex. = par exemple | zum Beispiel. |
| f$^{o}$, F$^{o}$ = folio, feuille | Blatt, Seite. |
| Fr., fr. = franc, francs | Frank, Franken. |
| G. V. = grande vitesse | Eilgut. |
| Kg, k$^{o}$, k$^{os}$ = kilogramme, kilo, kilos | Kilogramm, Kilo. |
| m = mètre | Meter. |
| ℳ, Mk. = mark | Mark. |
| $^{0}/_{00}$ = mille; pour mille | tausend; pro tausend. |
| M. = monsieur<br>MM. = messieurs } = P. P. (praemissis praemittendis) mit Weglassung der Titel | Herr; P. P.<br>Herren; P. P. |
| M$^{e}$ = maître | Titel des Rechtsanwaltes |
| M$^{me}$ = madame | Frau, Madam(e). |
| M$^{mes}$ = mesdames | Frauen, Damen. |
| M$^{elle}$ = mademoiselle | Fräulein. |
| M$^{elles}$ = mesdemoiselles | Fräulein. |
| N$^{o}$, N$^{os}$ = numéro, numéros | Nummer, Nr. |
| N. V., n/v. = notre ville | hier. |
| 9$^{bre}$, nov$^{bre}$ = novembre | November. |
| 8$^{bre}$, oct$^{bre}$ = octobre | Oktober. |
| O$^{m}/_{m}$, O$^{n}/_{m}$ = ordre (de) moi même, nous mêmes | Order eigne; O. E. |
| 1$^{er}$, 1$^{re}$ = premier, première | erster, erste. |
| P. p. = pour | per, für, i. V., in Vertretung. |
| P. P$^{on}$, p. p$^{on}$, pp$^{on}$ = par procuration | per Prokura; pp., p.pr., ppa. |
| pr$^{n}$, proch. = prochain | d. J.; ds Js.; 19 . . |
| P. V. = petite vitesse | Frachtgut. |
| 7$^{bre}$, sept$^{bre}$ = septembre | September. |
| 3$^{e}$, 4$^{e}$ usw. = troisième, quatrième | dritter, vierter usw. |
| V$^{ve}$ = veuve | Witwe, verw. |

# Wörterverzeichnisse.

## Erläuterungen.

### Postsendungen.

angeben indiquer.

Ansichtskarte carte illustrée *f.*

anvertrauen confier à.

Aufschrift adresse *f.*, suscription *f.*

Aushändigung distribution *f.*

bei pour, chez, près de.

Beispiel exemple *m.*, z. B. par —.

Bestellung (Beförderung) expédition *f.*, distribution *f.*

Bestimmungsort lieu *m.* de destination *f.*

Briefumschlag (Kuvert) enveloppe *f.*

Departement (Bezirk) département *m.*

Drucksache imprimé *m.*

Empfänger destinataire, receveur.

erforderlich nécessaire.

Erläuterung définition *f.*

Formel formule *f.*

Formular formulaire *m.*

Geschäftspapiere papiers *m.* d'affaires.

größer d'une certaine importance.

Kartenbrief carte lettre *f.*

Kreuzband sous bande *m.*

leserlich lisible.

liegen être situé-e.

nach à destination de.

Name nom *m.*

nicht allzubekannt peu connu-e.

Nummer numéro *m.*

offen ouvert-e.

Ort ville *f.*, endroit *m.*, lieu *m.*

pflegen avoir l'habitude de.

Post poste *f.*, Briefpost courrier *m.*

Postamt, —anstalt bureau *m.* de poste.

Postkarte carte postale *f.*

Postsendung envoi postal *m.*

Sendung envoi *m.*

Stadtbezirk arrondissement *m.*

Straße rue *f.*

Überschrift suscription *f.*

unbestellbar sein tomber au rebut.

verhüten éviter.

verzögern retarder.

voranstellen mettre (placer) avant.

Vorname prénom *m.*

Warenprobe échantillon *m.*

Wohnung demeure *f.*

wesentlich essentiel-le.

## Définitions.

### Objets de correspondance.

### Handels-gewerbe.

### Commerce.

Aktiengesellschaft société anonyme *f.*

allein-ig seul-e, unique.

allgemein général-e.

Ausdruck terme *m.*, expression *f.*

Aushändigung distribution *f.*

benennen qualifier, nommer.

besonders surtout.

betreiben exercer, faire.

bezeichnen désigner.

Bezeichnung dénomination *f.*

ebensogut aussi bien.

Einzelfirma nom (de famille).

Einzelkaufmann commerçant *m.* (individu, qui seul exploite).
Familienname nom *m.* de famille *f.*
Firma maison *f.* (de commerce).
Frau femme *f.*, personne *f.*
Fremdwort terme *m.* étranger.
gemeinschaftlich en commun, en communauté *f.* de.
genügen suffire.
Gesellschafter associé *m.*
Gewerbe profession *f.*, industrie *f.*
Gesellschaftsfirma raison sociale *f.*
gleiche Geschäfte même genre *m.* de commerce *m.*
gleichbedeutend synonyme.
Handelsgesellschaft société commerciale *f.*, offene — société *f.* en nom collectif.
Kaufmann commerçant *m.*, négociant *m.*, marchand *m.*
Kaufmannsschild enseigne *f.* commerciale.
Lehnwort mot *m.* francisé.
Mann homme *m.*, personne *f.*
nachbilden imiter.
Phantasie fantaisie *f.*
Rechnung compte *m.*, facture *f.*
richten adresser, à l'adresse de.
Sachfirma raison *f.* de commerce *m.*
Sinn sens *m.*
tragen porter.
übersetzen rendre, traduire.
Unternehmen entreprise *f.*, établissement *m.*
Unterschrift signature *f.*, — vollziehen (abgeben) apposer sa (leurs) signature(s).
wenn quand, lorsque, si.
zeichnen (die Gesellschaftsfirma) signer sous (de) la raison sociale.
Zusatz adjonction *f.*
zuweilen parfois, quelquefois.

## Einschreibsendungen. — Objets recommandés.

abgestempelt (versehen) werden être frappé-e de.
Absender expéditeur *m.*
Annahmebeamter agent *m.*, receveur.
aushändigen remettre, sich — lassen se faire —.
bedürfen être assujetti-e à.
Beförderung transport *m.*
betragen être de.
bis jusqu'à.
Buchstabe lettre, Anfangs — initiale *f.*
einliefern déposer.
Einlieferung dépôt *m.*
Einlieferungsschein récépissé *m.*
Einschreibbrief lettre recommandée *f.*
einschreiben recommander.
Einschreibvermerk déclaration *f.* de recommandation *f.*
fest fixe.
feststellen lassen faire constater.
Gebühr droit *m.*
gewöhnlich ordinaire.
Nachnahme remboursement *m.* gegen — contre —.
Porto taxe *f.* d'affranchissement *m.*
Posteinlieferungsschein récépissé *m.*
Schalter guichet *m.*
Vermerk déclaration *f.*
vermerken déclarer.
Verschluß fermeture *f.*, besonderer — mode spécial de —.
Wertbrief lettre chargée.
Wertsendung valeur déclarée.
Zeitung journal, -aux *m.*
zufügen ajouter.

## Geld-Wert-briefe. — Lettres chargées.

ausgeschrieben en toutes lettres.
außer en plus de.
Betrag montant *m.*
Einschreibgebühr droit *m.* de chargement *m.*
enthalten renfermer.
entrichten acquitter.
fassen (verschließen) fermer.
haltbar fort-e.
Klappe pli *m.*

Lack cire *f.*
mindestens au minimum.
müssen devoir.
Siegelabdrücke tragen être scellé-e de.
Teil fraction *f.*
unter sous.
Versicherung assurance *f.*, —sgebühr von je droit d'— proportionnel.
Vorderseite recto *m.*

## Annahme und Bestellung. — Recette et distribution.

Anmerkung remarque *f.*
Annahme acceptation *f.*, — verweigern refus d'accepter.
Anordnung recommandation *f.*
Anzahl nombre *m.*
anzeigen marquer.
Aufsicht contrôle *m.*
außer outre.
Besorgung (zur) aux (bons) soins de.
bestehen être constitué-e.
bestellen desservir.
Bestellung distribution.
betreffend respectif-ve.
bewohnen habiter.
Briefkasten boîte *f.* aux lettres *f.*
dreimal ter (c).
eigenhändig en mains propres.
Eilbote exprès *m.*
geben exister.
gewiß certain-e.
Hauptpostamt Hôtel *m.* des Postes.
heißt (das) c'est à dire.
Hilfspostamt bureau *m.* auxiliaire.
Höflichkeitsformel formule *f.* de politesse.
Leerung levée *f.*
mehrmals vorkommen se répéter.
Mittelpunkt centre *m.*, im — liegend central-e.
nachschicken faire suivre.
postlagernd poste restante.
Postvermerk observation postale.
Postverwaltung administration *f.* des Postes.
statt au lieu de.
stattfinden se faire.
üblich usité-e.
ungenügend frankiert affranchissement *m.* insuffisant.
weglassen supprimer.
wenn verreist en cas d'absence.
Werktag jour *m.* ouvrable.
zweimal bis (b).

## Kaufmännischer Briefwechsel. — Correspondance commerciale.

Abdruck copie, — nehmen tirer —.
abdrucken calquer, copier.
Ausdrucksweise style *m.*
Ausradieren grattage *m.*
bestätigen confirmer, brieflich — — par lettre.
Beweismittel preuve *f.*, als — dienen constituer (faire) —.
Briefbogen feuille *f.* de papier *m.* à lettre *f.*
bündig concis-e.
demnach donc.
Durchstreichen rature *f.*
eingehen échanger.
festlegen constater, schriftlich — — par écrit.
gestatten permettre.
Handelsbrief lettre *f.* d'affaires *f.*
Handelssachen (in) en matière *f.* commerciale.
handschriftlich manuscrit-e.
klar clair-e.
Kohlepapier papier *m.* carbone.
Kopierbuch copie *m.*
kopieren copier, calquer.
Kopiertinte encre *f.* communicative.
lose volant-e.
Maschine machine *f.*
Mitteilung communication *f.*
mündlich verbal-e; —ment.
Randbemerkung note *f.* marginale.
telegraphisch par télégraphe *m.*
telephonisch par téléphone *m.*
Tintenfleck tache *f.* d'encre *f.*
Überschreibung surcharge *f.*
Veranlassung haben avoir intérêt *m.*

Vereinbarung stipulation *f.*
Verfahren procédé *m.*
Verpflichtung engagement *m.*

Wichtigkeit importance *f.*
zwischen-, da-zwischen legen, einschalten intercaler.

## Rundschreiben. Briefformulare.

## Circulaires. Passe partout.

Ableben décès *m.*
Angabe indication *f.*
Angebot offre *f.*
Ankauf achat *m.*
Art genre *m.*, — des Geschäfts — d'affaires.
Auflösung dissolution *f.*
Austritt retraite *f.*
Auszeichnung diplôme *m.* d'honneur *m.*
Bedingung condition *f.*
bestimmt sein être réservé-e.
Benachrichtigung avis *m.*
Briefformular lettre formule *f.*, passe partout *m.*
doppelt double.
einfach simple.
Eintritt entrée *f.*
Erteilung constitution *f.*
Fernsprechnummer numéro *m.* de téléphone *m.*
Format format *m.*
Geschäft fonds *m.* de commerce *m.*
gekreuzt, karriert quadrillé-e.
gleich analogue.
Gründung fondation *f.*, —sjahr année *f.* de —.

kopierfähiger Druck imprimé *m.* à l'encre *f.* communicative.
laufend courant-e.
links gauche, linke Seite côté —.
Mahnung réclamation *f.* de paiement *m.*
Marktbericht rapport *m.*, (revue *f.*) du marché.
Medaille médaille *f.*
Mitteilung mémorandum *m.*
oben haut, obere Seite en —.
Oktav in octavo *m.*
Prokura procuration *f.*
Quart in quarto *m.*
quer linieren régler.
Rundschreiben circulaire *f.*
Telegrammadresse adresse télégraphique *f.*
Telephonnummer numéro *m.* du téléphone.
Vordruck lettre formule *f.*
Vorfall opération *f.*
weiße Stelle blanc *m.*
Widerruf révocation *f.*
Zweigniederlassung succursale *f.*

## Telegraphen- und Rohrpostverkehr.

## Service télégraphique et pneumatique.

abgekürzt abrégé-e.
Anschluß communication *f.*, —nummer numéro d'abonnement *m.*
befördern envoyer.
Betrieb fonction *f.*, im — sein fonctionner.
Depesche dépêche *f.*, —nbeförderung service *m.* de télégrammes *m.*
durch au moyen de.
enthalten contenir.
Entrichtung, gegen — von moyennant.
erinnern rappeler.

ersetzen remplacer.
Fernsprechanschluß communication *f.* téléphonique.
Fernsprechverkehr-snetz réseau *m.* téléphonique.
Festungsgürtel enceinte fortifiée.
frankiert affranchi-e.
innerhalb dans.
Kabeltelegramm câblogramme *m.*
mindestens au moins.
mit-tels à l'aide de.
obenstehend ci dessus.
öffentlich public-que.
Publikum public *m.*

Röhre tube *f.*, unter Luftdruck stehende — pneumatique.
Rohrpostbriefumschlag enveloppe *f.* pneumatique.
Rohrpostkarte carte *f.* pneumatique.
Rohrpostverkehr service *m.* pneumatique.
Sondergebühr taxe *f.* spéciale.
Sprechverkehr réseau *m.* téléphonique.
Tabakladen bureau *m.* de tabac *m.*
Teilnehmer abonné *m.*
Telegraphenanstalt bureau télégraphique.
Trennungsstrich tiret *m.*
Vereinbarung entente *f.*
vereinbart convenu-e.
Verfügung disposition *f.*, zur — stehen être mis à la —.
verlangen demander.
vertreten représenter.
Weise façon *f.*, in welcher — de quelle —.
Wohnung domicile *m.*
zugehen adresser.

## Äußere Ausstattung des Briefes. — Conditions de forme de la lettre.

Angestellter employé *m.*
Ausfertigungstag quantième *m.*
Ausnahme exception *f.*, — machen von faire — à.
Ausrufezeichen point *m.* d'exclamation *f.*
beschränken restreindre.
bezeichnen désigner.
bezeugen marquer.
Briefschreiber correspondancier *m.*
Buchstabe großer majuscule *f.*, — kleiner minuscule *f.*
Datum date *f.*
dementsprechend par conséquent.
erstrecken (sich) s'étendre.
erteilen déléguer.
Ehrerbietung déférence *f.*
gewöhnlich d'habitude *f.*
Grundsatz principe *m.*
grundsätzlich en principe *m.*
Handelsgeschäfte actes *m.* de commerce *m.*
Grundzahl adjectif *m.* numéral cardinal.
Handlungsbevollmächtigter fondé *m.* de pouvoir *m.* spécial.
Handlungsvollmacht procuration *f.* spéciale.
Inhaber titulaire *m.*, patron *m.*, chef *m.*
Jahreszahl année *f.*
Komma virgule *f.*
Ordnungszahl adjectif *m.* numéral ordinal.
Prokura, Voll— procuration *f.* générale.
Prokurist fondé *m.* de pouvoir *m.*
Punkt point *m.*
nachfolgend suivi-e de.
rechts droit-e.
Seite côté *m.*
stehen se placer.
üblich sein être d'usage *m.*
Urkunde document *m.*
verhüten prévenir.
vervollständigen compléter.
vollziehen (die Unterschrift) apposer (sa signature) *f.*
Vollmacht pouvoir *m.*, procuration *f.*, — erteilen déléguer le —.
voranstellen (auf besonderer Zeile) placer en vedette *f.*
wofern nicht à moins que.
Zeichnung der Firma apposition *f.* de la signature *f.*
zuverlässig de confiance *f.*

## Ordnen (Ablegen) der Briefe. — Classement des lettres.

abgesandt expédié-e, — Brief lettre missive *f.*
Abkürzung abréviation *f.*
Anweisung instruction *f.*
Absatz (neue Zeile) alinéa *m.*
alphabetisch alphabétique.
Anordnung disposition *f.*
anpassen adapter.

Anweisung instruction *f.*
Anzeige avis *m.*
Auftrag ordre *m.*, commande *f.*, demande *f.*
Ausführung exécution *f.*
beginnen (übergehen zu) passer à.
Begleichung règlement *m.*
behandeln traiter.
Bemerkung annotation *f.*
besonders spécial-e.
Briefformel formule *f.* épistolaire.
Diktat dictée *f.*
Eingang reception *f.*, arrivée *f.*
eingegangen reçu-e, arrivé-e.
einrücken en retrait *m.*
Eintrag enregistrement *m.*
Fall cas *m.*
fertig sein être terminé-e.
geboten nécessaire.
Geschäftsverbindung relation *f.* d'affaires *f.*
Gesuch sollicitation *f.*
herkömmlich d'usage *m.*
Hinweis mention *f.*
hinweisen faire mention de.
immer wieder sans cesse.
kaum ne . . guere.
Lesen lecture *f.*
mündlich verbal-e.
Nachschlagen recherche *f.*
nachschlagen (nachsehen) compulser.
Post (Briefpost) courrier *m.*, die — lesen dépouiller son —.
Rand marge *f.*, Rand- marginal-e.
Sammelmappe dossier *m.*
Schriftstück écrit *m.*
trennen séparer.
Umschlag enveloppe *f.*, mit — versehen mettre sous —.
unterlassen manquer.
Verbuchung passation *f.* d'écriture.
verloren gehen s'égarer.
Versand expédition *f.*
versehen mit marquer de.
verzeichnen inscrire.
vorangehen précéder.
vorlegen soumettre.
Vorsicht précaution *f.*
wiederkehren revenir.
Wortlaut texte *m.*, libellé *m.*
zunächst commencer par.

## Angebot. Auftrag. Bestätigung.

## Offre. Commande. Confirmation.

Agent agent *m.*
anbahnen se créer.
Angebot, Anerbieten, Antrag offre *f.* — abgeben faire —, offrir.
Art, Art und Weise mode *m.*
Artikel article *m.*
Aufforderung demande *f.*
aufmerksam machen signaler.
Auftrag commande *f.*, commission *f.*, demande *f.*, mandat *m.*, ordre *m.*
Auftraggeber commettant *m.*, mandant *m.*
Auftrags-abschrift, —bestätigung double de commande, — de commission.
Auftragsausfertigung commission *f.*, zweite — double de —.
Beförderung expédition *f.*
berichten temoigner, günstig — — en faveur *f.* de.
berufen, sich — auf se recommander de.
Beschaffenheit qualité *f.*
bestätigen, bekräftigen confirmer.
bestellen commander.
Besteller commettant *m.*, mandant *m.*
Bestellschein bon *m.*, bordereau *m.*, bulletin *m.*, note *f.* de commission.
Bezeichnung désignation *f.*
beziehen, sich — auf se référer à.
Bezugnahme référence *f.*
entgegennehmen accepter.
Erinnerung souvenir *m.*, sich in (empfehlende) — bringen bei se rappeler au (bon) — de.
erteilen établir.
Erwähnung mention *f.*
erwähnen faire mention *f.*, mentionner.
geeignet sein être à même.

Gegenschein talon *m.* de souche.
gern volontiers.
halten für croire.
imstande sein être à même.
Kaufgelegenheit occasion *f.*
Kunde client *m.*
Kundschaft clientèle *f.*
laufend (der Reihe nach) d'ordre *m.*
Lieferant fournisseur *m.*
Menge quantité *f.*
Mißverständnis malentendu *m.*
mündlich de vive voix *f.*
Preis prix *m.*
Skonto-satz taux *m.* d'escompte *m.*
sofort sur le champ *m.*
übereinstimmen être conforme.
übernehmen se charger de.
Übersendung envoi *m.*
unbekannt inconnu-e.
vermerken enregistrer.
Vermittler intermédiaire *m.*
Verpackung emballage *m.*
Vertreter représentant *m.*
vorbeugen prévenir.
wenden, sich — an s'adresser à.
Zahlungsbedingungen conditions *f.* de paiement *m.*
zunächst d'abord.

## Ausführung der Aufträge. — Exécution des ordres.

abschicken expédier, envoyer.
abweichen différer.
Angabe (ausführliche) détail *m.*
Art (Beschaffenheit) nature *f.*
Aufstellung état *m.* détaillé.
ausstellen délivrer, remettre.
bedeuten signifier.
begleiten accompagner.
Beschwerde réclamation *f.*, — erheben formuler —.
Besitz possession *f.*, in — nehmen prendre —.
beziehen, sich — auf concerner.
Bezug (Beziehung) rapport *m.*, in — auf par — à.
Bruttogewicht poids *m.* brut.
Einheitspreis prix de l'unité *f.*
einreihen ranger.
Einzelbetrag tirage *m.*
Fassung rédaction *f.*
gelten für tenir lieu *m.* de.
Genehmigung assentiment *m.*
Gericht—sstand tribunal *m.*
Gesamtbetrag montant *m.* total.
gewähren accorder.
Kassenbeleg pièce *f.* comptable.
Kaufsache objet *m.* (article *m.*) vendu, chose *f.* vendue.
kurz court-e.
Nettogewicht poids *m.* net.
Platzrechnung facture *f.* de place *f.*, note *f.*, mémoire *m.*
Prüfung vérification *f.*, nach geschehener — — faite.
Rechnung facture *f.*, note *f.*, mémoire *m.*
Reisegefahr risques *m. pl.* (et périls *m. pl.*) du voyage.
Schweigen silence *m.*
Skontoabzug déduction *f.* de l'escompte *m.*
Streitfall (Prozeß) litige *m.*
über au dessus de.
unter au dessous de.
Vereinbarung convention *f.*, — treffen faire —.
Versandrechnung facture *f.* d'expédition *f.*
Warenposten lot *m.*, article *m.*
Wortlaut libellé *m.*
Zahlung paiement *m.*, —sform mode de —, —sort lieu de —, —szeit terme de —.
Zeichen (Waren-) marque *f.*
zusammenhängend réuni-e.
zuständig compétent-e.

## Prüfung der Waren. — Vérification des marchandises.

ablehnen refuser, die Annahme — — de prendre livraison *f.*
Ablehnung refus *m.*
anbringen exposer.
Annahme prise *f.* de livraison *f.*
annehmen prendre livraison *f.*

anzeigen dénoncer, signaler.
aufweisen être de.
äußern placer un mot.
Bedauern regret *m.*
bedauern regretter.
bedungen convenu-e.
begründen motiver.
Beschaffenheit (Art) nature *f.*
Beschwerde grief *m.*, — anbringen exposer ses —s.
Beschwerdeführer réclamant *m.*
Eingang réception *f.*, sofort nach — dès —.
Entdeckung découverte *f.*
Entscheidung, richterliche — beantragen actionner en justice.
entsprechen être conforme à.
erkannt reconnu-e.
Erwartung attente *f.*
Fehler vice *m.*, défaut *m.*
ferner de plus.
festsetzen stipuler, fixer.
feststellen constater.
fordern demander, exiger.
genügen répondre à.
Güte qualité *f.*
Herabsetzung réduction *f.*
kalendermäßig par date certaine.
Klage plainte, — führen porter —.
liefern livrer, faire livraison.
Lieferung livraison *f.*
Mangel vice *m.*, défaut *m.*
Mängelrüge réclamation *f.*
Minderung bonification *f.*, réfaction *f.*, réduction *f.*, de prix, rabais *m.*
nachweisbar, leicht — facile à constater.
offenbar, offenkundig apparent-e.
rechtfertigen justifier.
Redewendung terme *m.*, expression *f.*
Rückgängigmachung résiliation *f.*, annulation *f.*, résolution *f.*
rügen dénoncer, signaler.
sofort nach aussitôt après, dès.
üblich usité-e.
unbestimmt vague.
ungesäumt sans délai *m.*
untauglich impropre.
unverkäuflich invendable.
verborgen caché-e.
Verfügung disposition, zur — stellen tenir à la —, laisser pour compte.
Verpflichtung obligation *f.*
verstreichen écouler, s'—.
verwirken perdre, das Recht — — le droit.
Vorhandensein existence *f.*
Wahl choix *m.*, je nach — à son —.
Wandlung résiliation *f.*, annulation *f.*, résolution *f.*
Wandlungsanspruch demande en résiliation *f.*
Wendung terme *m.*, expression *f.*
Zeitpunkt époque *f.*
Zwangslage nécessité *f.*

## Vergleichsvorschläge. — Propositions d'arrangement.

ausstellen rédiger, libeller.
behalten conserver, garder.
beistimmen consentir à.
bemühen, sich — tâcher, s'efforcer.
berechnen facturer.
bereit prêt à, disposé à, sich — erklären se montrer — —.
bestürzt, betroffen confus-e.
bewilligen accorder, accepter.
entkräften réduire à la juste mesure *f.*
entschuldigen excuser.
Entschuldigung excuse *f.*, um — bitten faire (présenter) ses —s.
Farbe couleur, besondere — — particulière.
Fracht port *m.*, frais *m.* de transport *m.*, — de l'aller et du retour Fracht und Rückfracht.
gefallen plaire.
Gegenwert contrevaleur *f.*, échange *m.*, als — en — de.
Gutschriftsanzeige avis *m.* de crédit *m.*
Gutschriftsrechnung facture d'avoir *m.*
Irrtum erreur *f.*, einen — begehen commettre une —.

leid, — tun être fâché-e, sehr — tun — désolé-e, unendlich — tun être (tout) confus-e.
Nachlässigkeit négligence *f.*
Preis-ermäßigung, —herabsetzung, —nachlaß bonification *f.*, rabais *m.*, réduction *f.*, réfaction *f.*
Prozent pour cent, in —en ausgedrückt de tant — —.
Rücksendung renvoi *m.*, retour *m.*, rendu *m.*, — annehmen accepter le rendu.
Streitfrage différend *m.*, eine — erledigen vider un —.
tatsächlich réel-le; — ment.
übertreiben exagérer.
umschreiben (eine Rechnung) redresser.
umtauschen échanger.
unbegründet mal fondé-e.
Vergleich arrangement *m.*, gütlicher — — à l'amiable.
Vergütung bonification *f.*
Verzeihung pardon *m.*, um — bitten demander —.
vorkommen, wieder — se répéter.
Vorschlag proposition *f.*
vorschlagen proposer.
willigen consentir à, in den Umtausch — — à échanger.
zurückerstatten rembourser.
Zurückgabe rendu *m.*, in die — willigen accepter le —.
zusichern assurer.

## Zahlungsleistung. Zahlungsempfang.

## Paiement. Encaissement.

Abzug déduction *f.*, — vom Betrag à déduire, escompte *m.*
anderweit contraire.
Anschaffung (Zahlung am Wohnsitz des Gläubigers) remise *f.*
Anspruch droit *m.*, — haben auf avoir — à.
ausstellen émettre.
Auszug relevé *m.*, Monats—, Rechnungs— — de compte, facture générale.
bar comptant, au comptant.
Bar-, Hand-kauf vente au comptant.
bemessen fixer, indiquer.
berechnen calculer, nach Prozenten — — à tant pour cent.
Ein-sendung, -zahlung remise *f.*, versement *m.*
Einziehung recouvrement *m.*
Entnahme retrait *m.*
Fälligkeit échéance *f.*, bei — zahlbar valeur (à).
gegen sur, contre.
Geld argent *m.*, monnaie *f.*
Gelder fonds *m. pl.*
innerhalb à, valeur *f.* à.
Kasse, gegen — au comptant.
Kredit crédit *m.*, auf — à —.
Kreditkauf vente *f.* à crédit *m.*
Preis prix *m.*, Netto— — net, Stundungspreis — fort.
Regelung, Regulierung règlement *m.*, paiement *m.*
Rücksicht égard *m.*, ohne — sans —.
Schluß fin *f.*
Skonto escompte sur facture, — pour prompt paiement.
Stundung délai *m.*
Stundungspreis prix *m.* fort.
Termin terme *m.*
Überweisung virement *m.*
Umbuchung transport *m.* d'un compte *m.* à un autre compte.
Valuta valeur *f.*
Verfall échéance *f.*
Vergütung (für Zahlung vor Fälligkeit) escompte *m.*
voraus avance, im — à l'—.
Vorauszahlung paiement *m.* à l'avance *f.*
Wert valeur *f.*
zahlbar payable, valeur, valeur à.
Zahlungsfrist (Ziel) terme *m.*, langes Ziel à long terme, kurzes Ziel à court terme.
Zug um Zug au comptant compté.
zulässig admis-e.

## Geld.
## Gelderſatzmittel.

Abſchnitt (Teilnote, kleine Banknote) coupure *f.*
Ausſteller (beim eigenen Wechſel) souscripteur, (beim gezogenen Wechſel) Traſſant tireur.
Ausſtellung (eines Wechſels) émission *f.*, création *f.*
Banknote billet *m.* de banque *f.*
Bericht avis *m.*, ohne — sans —, laut (nach) — suivant —.
Berichtsklauſel clause *f.* (mention) *f.* de l'avis.
beſchränkt limité-e.
Bezogener, Traſſat tiré *m.*
Bronze bronze *m.*
dartun constater.
Deckung provision *f.*, couverture *f.*, valeur *f.* fournie, valeur reçue.
Deckungsklauſel clause *f.* (mention *f.*) de la valeur fournie (reçue).
Domizil (Zahlſtelle) domicile *m.*
Domiziliat domiciliataire *m.*
domizilieren (zahlbar ſtellen) domicilier.
Domizilierung domiciliation *f.*
Emiſſion (Verausgabung) émission *f.*, —sbank banque *f.* d'—, établissement *m.* d'—.
Erfordernis condition *f.* de forme, mention *f.* obligatoire.
Geld monnaie *f.*, numéraire *m.*, espèces *f. pl.* ,argent *m.*
Gelderſatzmittel effets *m.* de commerce *m.*
Giro, Indoſſament endos *m.*, endossement *m.*
Klauſel clause *f.*, mention *f.*, énonciation *f.*
Metall métal *m.*, —geld monnaie métallique.

## Monnaie.
## Effets de commerce.

Nickel nickel *m.*
Order ordre *m.*, an die — à l'— de, an eigene — à l'— du tireur, an fremde — à l' — du preneur (bénéficiaire).
Orderklauſel clause *f.* (mention *f.*) à ordre.
Remittent, Wechſelnehmer bénéficiaire *m.*, preneur *m.*
tilgen libérer.
Tilgungskraft force *f.* (pouvoir *m.*), libératoire.
Übergabe, Aushändigung tradition.
übertragbar transmissible.
unbeſchränkt illimité-e.
Valutaklauſel clause *f.* (mention *f.*) de la valeur fournie (reçue).
Wechſel, eigener — billet *m.* à ordre *m.*, gezogener — lettre *f.* de change *m.*, traite *f.*, mandat *m.*, Dato— — à délai de vue, Sicht— — à vue, Tag-(Präzis-)— — à jour fixe, Zeitſicht-(Nachſicht-)— — à délai de vue.
Wechſelnehmer bénéficiaire *m.*, preneur *m.*
Zahlſtelle lieu *m.* de paiement *m.*, domicile *m.*
Zahlungsauftrag ordre de payer.
Zahlungsverſprechen engagement *m.* de payer.
Zahlungsmittel instrument *m.* de paiement *m.*, geſetzliches — ſein avoir force *f.* (pouvoir *m.*) libératoire.
Zettelbank banque *f.* (établissement *m.*) d'émission *f.*

## Gezogene Wechſel.

Abſchrift transcription *f.*
Abweſenheit absence *f.*
Akzept acceptation *f.*, traite *f.* acceptée.
Akzeptant accepteur *m.*
Annahme acceptation *f.*

## Lettres de change.

Annahmevermerk acceptation *f.*
Annahmeweigerung refus *m.* d'accepter.
annehmen accepter.
Anweſenheit présence *f.*
aufkleben coller.

begeben transférer par endossement, transférer.
Begebung transfert *m.*, transmission *f.*
Belieben, ins — gestellt facultatif-ve.
Besitzrecht (Eigentum) propriété *f.*
bezeichnen énoncer, mentionner.
buchstäblich littéral-e.
Eintragung inscription *f.*
entwerten oblitérer.
Entwertung oblitération *f.*
erforderlich obligatoire.
Fixstempel timbre fixe.
Gerichtsvollzieher huissier *m.*
gesetzlich légal-e.
Grund motif *m.*
gültig valable.
Indossament, Giro endos *m.*, endossement *m.*
indossieren, girieren endosser.
Indossant, Girant endosseur *m.*, — cédant.
Indossator, Girat endosseur cessionnaire *m.*
Inhaber porteur *m.*
mangels faute de, — Annahme — d'acceptation, — Zahlung — de paiement.
Namensstempel griffe *f.*
Protest protêt *m.*, — erheben faire —, dresser —, faire dresser —, libeller —.
protestieren protester.
Querschreiben apposition *f.* en travers.
Rückseite verso *m.*
Stempel timbre, —gebühr, —abgabe droit de —.
Stufenfolge progression *f.*
Verhältnis proportion *f.*, nach Höhe bemessen proportionnel-le.
Weigerung refus *m.*
Werktag jour *m.* ouvrable.
Wertempfangsvermerk valeur fournie, — reçue.
Zahlungsweigerung refus *m.* de payer.

## Barscheck. Verrechnungsscheck. Überweisungsscheck.

## Chèque. Chèque croisé. Mandat de virement.

abheben effectuer (opérer) le retrait.
Abschlag, auf — à compte de, à valoir sur.
Abschlagszahlung acompte *m.*
abschläglich à valoir sur, à compte de.
Ausgleich solde *m.*, zum — pour — de, en règlement de.
ausschreiben écrire (inscrire) en toutes lettres.
ausstellen délivrer, émettre.
Ausstellungstag date *f.* d'émission.
Barscheck chèque *m.*, — au comptant, — payable au comptant.
Barsendung remise *f.* de fonds *m. pl.*
begleichen acquitter, régler, solder.
bekennen, sich — zu attester.
dazu à cette fin.
durch par l'intermédiaire *m.* de.
Empfangsbescheinigung récépissé *m.*
Fernscheck chèque m. de place à place.
Gebühr droit *m.*, feste — — fixe.
Giro endos *m.*, endossement *m.*
Girobank banque dépositaire de fonds *m.*
Giroguthaben dépôt *m.* en banque.
Girokonto compte *m.* courant avec faculté d'escompte.
Girokontoinhaber titulaire en compte (courant avec faculté d'escompte).
Giroverkehr transport *m.* par voie *f.* de virements *m.*
Inhaberscheck chèque *m.* au porteur.
klingende Münze pièces *f.* sonnantes.
Kontoinhaber titulaire *m.* en compte *m.*
Namenscheck chèque *m.* nominatif, — à personne dénommée.
Vollzahlung paiement *m.* total.

Vorderseite recto *m.*
Vorlegungsfrist délai *m.* de présentation.
Zahler payeur *m.*
Zahlungsempfänger bénéficiaire *m.* encaisseur *m.*
Zahlungsmittel instrument *m.* de paiement *m.*
Ziffer chiffre *m.*
Orderscheck chèque *m.* à ordre *m.*
Platzscheck chèque *m.* sur place *f.*
Querstrich barre *f.* transversale.
Quittung acquit *m.*, quittance *f.*, récépissé *m.*, reçu *m.*
Scheck, weißer — chèque *m.*, gekreuzter — — barré, — croisé, roter — mandat *m.* rouge, mandat (bon, bulletin) de virement *m.*
Scheckbuch carnet *m.* (cahier *m.*) de chèques, chéquier.
Scheckformular formule *f.* de chèque *m.*
Stammleiste souche *f.*, talon *m.* de souche.
Teilzahlung paiement *m.* partiel, acompte *m.*
übertragbar se transmettre.
überweisen faire passer (transférer) le crédit d'un compte à un autre compte.
Überweisung virement *m.*
Urkunde document *m.*, acte *m.*
verfügbar disponible.
Vermittelung intermédiaire *m.*
Verrechnung, zur — ....et Cie
Verrechnungsscheck chèque barré, — croisé.

## Auskunft über Kaufleute.

## Renseignements commerciaux.

ablehnen décliner, se récuser.
Ansehen renom *m.*, réputation *f.*
augenblicklich momentanément.
Auskunft renseignement *m.*, information *f.*
Auskunftei bureau *m.* (agence *f.*, office *m.*) de renseignements.
ausweichend évasif-ve.
Außenstände créances *f.*, ungedeckte — découverts *m.*
befriedigend satisfaisant-e.
böswillig de mauvaise foi *f.*
dringend absolument.
einstellen suspendre.
Einziehung demande *f.*, — von Erkundigungen — de renseignements *m.*
erbringen fournir.
Erlegung règlement.
erteilen donner, fournir.
Gebühr (Honorar) rétribution *f.*, gegen — moyennant —.
Gegendienst revanche *f.*, zu — en bereit à charge de —.
Geldverlegenheit gêne *f.*
gegenüber à l'égard de.
Geschäftsführung façon *f.* de pratiquer les affaires *f.*
Geschäftsgepflogenheit manière d'agir.
Gesuch demande *f.*
gewähren accorder, Kredit — faire crédit, accorder crédit.
gewissenhaft en conscience, ganz — en toute conscience.
Haftung responsabilité *f.*, garantie *f.*
Handelsgeschäft opération *f.* commerciale.
hervorheben insister sur.
irreführen induire en erreur *f.*
Kreditnehmer qui demande crédit *m.*
Kreditwürdigkeit solvabilité *f.*
leichtfertig à la légère.
Mahnbrief réclamation *f.* (sommation *f.*) de paiement.
Nachlässigkeit négligence *f.*
nachkommen, einer Verpflichtung — faire honneur à.
Nachweis preuve *f.*
pflegen avoir l'habitude *f.*
rückständig arriéré-e.
Ruf renom *m.*, réputation *f.*
Schuldforderung créance *f.*
Sicherheit garantie *f.*
sorgfältig minutieux-se.

stunden (fristen) créditer, (Frist verlängern) proroger.
Stundung délai *m.*, prorogation *f.* de paiement.
übersehen (nicht bemerken) oublier.
Überwachung surveillance *f.*
üblich sein être d'usage.
unbegründet non fondé-e.
unterrichten, sich — se renseigner, s'informer.
Veranlassung haben avoir intérêt à.
Verantwortlichkeit responsabilité *f.*, die — übernehmen encourir la —.
Vergeßlichkeit oubli *m.*, aus — par —.
Vermögens-lage, -verhältnisse situation *f.* financière.
Verpflichtung obligation *f.*, seiner — nachkommen faire honneur à, s'acquitter de.
Verschwiegenheit discrétion *f.*
vertraulich confidentiel-le, streng — strictement —.
verzögern retarder.
vorübergehend passager-ère.
vorweg anticipé-e.
wahrheitsgemäß véridique.
Warengeschäft commerce *m.* de marchandises *f.*
Zahlung leisten s'acquitter, se libérer.
Zahlungsaufforderung sommation *f.* de payer.
zahlungsfähig solvable.
Zahlungsfähigkeit solvabilité *f.*
zahlungsunfähig insolvable.
Zahlungsunfähigkeit insolvabilité *f.*
Zahlungstermin terme *m.* de paiement *m.*
Zuverlässigkeit loyauté *f.*

---

## Briefe.

### Brief 1.

articles *m.* en cuir *m.* Lederwaren.
adresser schicken, senden.
au plus tôt schleunigst, sobald als möglich.
vitesse *f.* Schnelligkeit; en grande — als Eilgut.
article *m.* Gegenstand, Ware, Artikel.
suivant-e folgend, nachstehend genannt.
douzaine *f.* Dutzend.
pièce *f.* Stück.
porte monnaie *m.* Geldtäschchen, Portemonnaie.
mouton *m.* Schaf, Schafleder.
cartable *m.* d'écolier Schul-mappe, -tasche.
moleskine *f.* englisches Leder, Molesskin.
vernir lackieren.
portefeuille *m.* Brieftasche, Mappe.
maroquin *m.* Saffian, -leder.
serviette f. Aktentasche.
basane *f.* Schafleder, Basane.
album *m.* Album.
timbre *m.* poste Briefmarke.
dos *m.* Rücken.
prompt-e schnell, sofort.
exécution *f.* Ausführung.

### Brief 2.

lettre facture Brief mit Rechnung, Fakturenbrief.
montant *m.* Betrag, Summe.
aux risques *m.* et périls *m.* auf Gefahr.
franco frei, franko.
payable zahlbar.

## Lettres.

à binnen, innerhalb, in.
escompte *m.* Abzug, Preisnachlaß, Skonto.
remettre übersenden, erteilen, zugehen lassen.
sans escompte *m.* ohne Abzug, netto.
marque *f.* Zeichen, Marke, Signum.
numéro *m.* Nummer.
désignation *f.* Bezeichnung, Angabe.
facture à Rechnung über.
ci dessus oben, oben-, vor-stehend.
s'élever à im Betrage von, deren Betrag.
commande *f.* Bestellung, Auftrag.
créditer qn. de qc. erkennen, gutschreiben, gutbringen, kreditieren.
constamment à vos ordres *m.* stets (gern) zu Ihren Diensten.

### Brief 3.

envoi *m.* Sendung, Übermittlung.
montant *m.* Betrag, Geldsumme, Geld.
pour solde *m.* de zur Ausgleichung, zum Ausgleich, zur Begleichung.
pli *m.* Falte, Umschlag, Brief.
sous ce pli anbei, einliegend, in der Einlage.
avis *m.* Anzeige, Meldung, Mitteilung, Benachrichtigung.
sous avis *m.* unter Anzeige.

### Brief 4.

accusé *m.* de réception Empfangsbestätigung, -bescheinigung.
renfermer einschließen, enthalten.
crédit *m.* Guthaben, Haben-Kredit-Seite.

à votre crédit *m.* damit ausgleichen, dafür erkennen, gutschreiben, gutbringen.
valeur *f.* Wert, Valuta.
réserver vorbehalten,
faveur *f.* Gunst, Vergünstigung.
réserver la faveur beehren mit, erteilen, bei Erteilung berücksichtigen.
ordres *m.* ultérieurs spätere (fernere, weitere) Aufträge (Bestellungen).
quittance *f.* Quittung, -sformular.
reçu Empfangsbescheinigung, Quittung.
décharge *f.* Entlastung, Empfangsbestätigung.

### Brief 5.

Bestellung, Auftrag commande *f.*, ordre *m.*, demande *f.*, commission *f.*
bitten prier de, vouloir (bien).
umgehend courrier pour courrier, par le retour du courrier.
mittels Postpaket par colis *m.* postal.
senden, schicken envoyer, adresser, expédier, faire parvenir.
Dutzend douzaine *f.*
Stück pièce *f.*
Geldtäschchen portemonnaie *m.*
Juchten cuir *m.* de Russie.
rot rouge.
Schulmappe cartable *m.* d'écolier.
Leder englisches moleskine *f.*
Brieftasche portefeuille *m.*
Basane, Schafleder basane *f.*
Briefmarkenalbum album *m.* de timbres poste.
bestimmt erwarten compter sur.
schnelle Erledigung prompte expédition *f.*
einsenden adresser, envoyer, faire parvenir, faire tenir.
Betrag montant *m.*

### Brief 6.

Rechnung facture *f.* (note *f.*, mémoire *m.*) vgl. Rechnungsköpfe Seite 24.
Ziel valeur à, payable à.
netto net, sans escompte *m.*
Barzahlung au comptant.
Skonto escompte *m.*
Gefahr risque *m.*, péril *m.*
auf (für) Ihre Gefahr à vos risques et périls.
Kiste caisse *f.*
Porto port *m.*, affranchissement *m.*

### Brief 7.

Anschaffung remise *f.*, envoi de fonds *m.*
bar: a) = Geld en espèces; b) = sofort au comptant.
Barzahlung a) paiement en espèces *f.*, b) paiement au comptant.
zum Ausgleich pour solde *m.* de, pour solder, en règlement *m.* de, pour régler, acquitter (nicht balancer).
Dezember v. J. décembre dernier.
übersenden adresser, remettre; veuillez trouver, vous trouverez.
beiliegend, anbei sous ce pli, ci joint, ci inclus.
zuzüglich plus (plüß).

### Brief 8.

Empfangsanzeige accusé *m.* de réception *f.*
gestriges Schreiben lettre *f.* d'hier.
Banknote billet *m.* de banque; B.B.
Marke timbre *m.*
zum Ausgleich verwenden créditer qn. de qc. pour solde de compte.
zeichnen vgl. Briefschluß, Seite 13.
gegenwärtig dans l'attente *f.* de.
weitere Aufträge ordres *m.* ultérieurs.

### Brief 9.

cycle *m.* = bicycle *m.* Fahrrad.
vélo *m.* = vélocipède *m.* Fahrrad.
manuscrit-e handschriftlich.
catalogue *m.* Verzeichnis, Preis-Liste.
détail *m.* Einzelheit.
concerner betreffen, sich beziehen.
modèle *m.* Modell.

principal-e hauptsächlich, Haupt-.
motocyclette *f.* Motorrad.
tourisme *m.* Weitfahrt, Reise.
course *f.* Wettfahrt, Wett-Rennen.
sérieux-se; -ment ernst, gewissenhaft.
étudier durchdenken, studieren.
soigneux-se; -ment sorgfältig.
construire entwerfen, konstruieren.
pourvoir de ausstatten, versehen mit.
perfectionnement *m.* Verbesserung.
récent-e neu.
disposition *f.* Verfügung.
renseignement *m.* Auskunft.
complémentaire ergänzend, weiter.
s'entendre sich verstehen, beziehen.
pris-e en magasin ab Lager.
traite *f.* Tratte.
emballage *m.* Verpackung.
port *m.* Fracht.
envoi *m.* en port payé Frankosendung.
client *m.* Kunde, Käufer.
dérogation *f.* Abweichung, Abänderung.
exécuter ausführen.
à bref délai *m.* in kürzester Frist.
quel-le que wie (so) groß auch.
importance *f.* Umfang, Wichtigkeit.
attente *f.* Erwartung; dans l'— de gewärtig, in Erwartung.

## Brief 10.

envoi *m.* de commande *f.* (Zusendung auf) Bestellung, — (infolge) Auftrags.
se référer à sich beziehen (unter Bezugnahme) auf.
expédier senden, übersenden, schicken, zuschicken.
franco à domicile *m.* frei Haus.
désigner angeben, aufführen, verzeichnen.
bulletin *m.* (bordereau *m.*, bon *m.*, note *f.*) de commande *f.* (commission *f.*) Bestellzettel, Bestellschein, Auftrag.
refuser ablehnen, weigern, verweigern.
expressément ausdrücklich.
livraison *f.* Lieferung, Übergabe.
prendre livraison in Empfang nehmen, annehmen (An-, Ab-, Über-nahme).
marchandise *f.* Ware.
entre nos mains *f.* in unseren Händen, in unserem Besitz.
au plus tard spätestens.

## Note de commission Auftrag.

C^on = commission *f.* Auftrag, Bestellung.
commis à übertragen, beauftragen, vgl. Bestellschein Seite 18.
livrable zu liefern, lieferbar.
frais *m.* Auslagen, Kosten, Spesen.
franco de (tous) frais (völlig) kostenfrei, spesenfrei.
net netto, ohne Abzug.
contre gegen.
traite à 90 jours Dreimonatswechsel, -tratte.
de date *f.* vom Tage (Datum) (der Rechnung) ab, dato.
bicyclette *f.* de course *f.* Rennrad.
bicyclette *f.* de route *f.* Tourenrad.
cadre *m.* Rahmen.
hauteur *f.* du cadre Rahmenhöhe.
roue *f.* libre Freilaufrad.
frein *m.* Bremse.
moyeu *m.* roue *f.* libre Freilaufnabe.
frein *m.* à contrepédalage Rücktrittbremse.
sacoche *f.* Sattel-Werkzeug-tasche.
nécessaire *m.* de réparation *f.* Reparaturenkasten.
se réserver le droit sich (das Recht) vorbehalten.

## Brief 11.

acceptation *f.* Annahme.
avoir l'honneur sich beehren.
renfermer enthalten (nebst, mit An-Ein-lage).
possession *f.* Besitz.
stipuler ausbedingen, vereinbaren, festsetzen, angeben.
nouveau-vel-le; -x neu, weiter.
civilité *f.* Höflichkeitsbezeugung.
empressé-e eifrig, zuvorkommend.

### Brief 12.

avis *m.* Anzeige, Ankündigung, Meldung, Mitteilung.
avis d'expédition Versandanzeige.
confirmer vgl. bestätigen Seite 11.
courant laufenden Monats = dieses Monats.
dernier vergangenen ... = dieses Jahres (d. J.) oder vorigen Jahres (v. J.).
prochain nächsten ... = dieses Jahres (d. J.) oder nächsten Jahres.
remettre überreichen, übersenden.
entremise *f.* Vermittelung; par l'— de durch (Spediteur).
n/v = notre ville hier.
v/v = votre ville dort.
à l'ordre *m.* de (an die) Order.
se couvrir de sich decken, sich erholen, ausgleichen, begleichen (zur Deckung, Begleichung, Ausgleichung, zum Ausgleich)).
disposer sur (fournir sur, tirer sur) ziehen, entnehmen, abgeben.
recommander empfehlen.
accueil *m.* Empfang, Aufnahme, Schutz.
apporter tous ses soins *m.* die größte Sorgfalt verwenden.
sous peu binnen kurzem.

### Brief 13.

ordre *m.* d'expédier Versand-Speditions-auftrag.
faire prendre in Empfang nehmen (abholen) lassen.
B^t^ = brut brutto, Bruttogewicht.
kg = kilogramme Kilo, Kilogramm.
(en) G. V. = en grande vitesse als Eilgut.
à ma charge zu meinen Lasten.

### Brief 14.

annoncer ankündigen, anzeigen, melden, avisieren.
de même somme *f.* gleicher Höhe, im gleichen Betrage.
échéance *f.* Fälligkeit.
à l'échéance *f.* bei Verfall.

### Brief 15.

Ersatzteile pièces *f.* de rechange *m.*
Zubehörteile accessoires *m.*
sich beehren avoir l'honneur *m.* de.
unter Kreuzband sous bande *f.*
Preisliste prix courant *m.*, catalogue *m.*
neu nouveau-el-le, dernier-ère, récent-e.
übersenden adresser, remettre.
Fahrrad vélo *m.*, cycle *m.*, bicycle *m.*, bicyclette *f.*
gediegene Ausführung l'élégance *f.* et le fini *m.* de.
außerordentlich billiger Preis le prix très modique.
notieren coter, facturer, faire.
hoffen lassen faire espérer.
Aufträge zuweisen réserver la faveur (accorder la préférence) de vos ordres.
geschätzt, bleibt am besten unübersetzt.
sich versichert halten compter sur, être sûr-e (persuadé-e) de.
pünktliche Erledigung la prompte exécution *f.*
inzwischen en attendant (dans l'attente *f.* de).
begrüßen vgl. Grußformeln Seite 13.

### Brief 16.

im Besitz sein avoir (bien) reçu, posséder, être en possession f.
Nummer numéro *m.*
sich beziehen auf se référer à.
angeben indiquer, marquer.
sich erbitten faire parvenir, envoyer.
zu den bisherigen Lieferungsbedingungen aux conditions habituelles.
Fracht und Verpackung frei franco d'emballage *m.* et en port payé.
einjährige Garantie garantie *f.* d'un an.
umgehender Zusendung entgegensehend veuillez faire expédier au plus tôt (dès réception de la présente).

### Bestellschein
### Bon de commission.

für commis à (vgl. Seite 18).
sogleich tout de suite, au plus tôt, immédiadement.
Zahlung payable à, valeur à, règlement à.
Dreimonatsakzept traite acceptée à 90 jours de date.
Azetylenlaterne lanterne *f.* à l'acétylène.
vernickeln nickeler.
Tourensattel selle *f.* de route *f.*
Halbrennsattel selle *f.* demi course *f.*
Damensattel selle *f.* pour dame *f.*
dreieckig triangulaire.
Werkzeugtasche sacoche *f.*
Fahrradständer support *m.* de bicycle *m.*
Stahlkugel bille *f.* d'acier *m.*
Gros grosse *f.*

### Brief 17.

Auftragsbestätigung confirmation *f.* de la commande *f.* (de l'ordre *m.*).
bestens dankend für beaucoup remercier de.
übermitteln adresser, remettre.
Zuschrift lettre *f.*
vormerken prendre note *f.* de.
sorgfältige Ausführung exécuter avec tous les soins *m.*; mettre tous ses soins *m.* à l'exécution.
unter den früheren Bedingungen aux anciennes conditions *f.*
sich versichert halten dürfen pouvoir compter sur, être sûr (certain) de.
pünktlich prompt-e, ponctuel-le.

### Brief 18.

Ausführungsanzeige avis *m.* d'exécution *f.*
übersenden (Rechnung über) adresser remettre (facture à).
abfertigen lassen faire expédier (par l'entremise, par les soins de).
den Rechnungsbetrag entnehmen auf . . . disposer sur . . . pour le montant de la facture.
einlösen réserver (faire) bon accueil *m.* à, faire honneur à, acquitter.
das Papier notre traite (mandat).
bei Vorkommen à présentation *f.*
zu Lasten à notre débit, au débit de notre compte.
der Zuweisung weiterer Aufträge gern (mit Vergnügen) gewärtig bleiben favoriser qn. (accorder à qn. la faveur) d'ordres ultérieurs.
begrüßen, vgl. Seite 13.
inzwischen en attendant (dans l'attente *f.* du plaisir) de vous lire.

### Brief 19.

Speditionsauftrag ordre *m.* d'expédier (de faire expédier).
abholen lassen faire enlever (prendre).
bei uns dans nos magasins *m.*
zur Beförderung pour être expédié-e.
als Frachtgut en petite vitesse *f.*
frei Haus franco (rendu) à domicile de.

### Brief 20.

Empfangsanzeige avis *m.* (accusé) de reception *f.*
gutschreiben porter au crédit de qn, créditer qn de qc.
ankündigen annoncer.
Termin époque *f.*, date *f.*
pünktlich einlösen faire honneur *m.* à, réserver bon accueil à, acquitter qc.
moralité *f.* Ruf, Ansehen.
solvabilité *f.* Zahlungsfähigkeit, Kreditwürdigkeit.
fiche *f.* Zettel.
discrétion *f.* Verschwiegenheit.
absolu-e unbedingt, völlig.
expression *f.* Ausdruck, Versicherung.
sentiments *m.* distingués Hochachtung.

### Brief 21.

étoffe *f.* Stoff, — pour messieurs Herren(kleider)stoffe.

demande *f.* Aufforderung, Verlangen, Gesuch, Bitte.
faire connaître bekannt geben, mitteilen, angeben.
par retour *m.* du courrier postwendend, umgehend.
dans l'espoir de vous lire in der Hoffnung, von Ihnen zu hören.
le dernier prix der äußerste (billigste) Preis.
drap *m.* Tuch, Tuchstoff.
joindre beilegen, beifügen.
échantillon *m.* Probe, Muster.
présente *f.* dieses (das vorliegende) Schreiben.

### Brief 22.

indication *f.* Angabe.
retourner zurückschicken, senden.
noir-e schwarz.
désirer wünschen.
modique mäßig, niedrig, billig.
pure laine reinwollen.
bon teint echte (waschechte) Farbe.
assurer versichern.
justifier la confiance das Vertrauen rechtfertigen.
transmettre un ordre einen Auftrag erteilen (überschreiben).
voici nachstehend, hier folgen.
franco en gare frei Bahnhof (Station).
se permettre sich erlauben (gestatten).
carte *f.* d'échantillons *m.* Musterkarte.
draps *m.* façonnés gemusterte Tuche.
flanelles *f.* fantaisies eigenartig (hergestellte, gemusterte) Flanelle.
draps *m.* de billard Billardtuche.
doublure *f.* Futter.

### Brief 23.

à titre de als, in der Eigenschaft.
— — d'essai als Probesendung, zur Probe.
avoir lieu *m.* Grund (Veranlassung) haben.
satisfait-e befriedigt, zufrieden.
faire parvenir zugehen (folgen) lassen, übermitteln.
important-e bedeutend, umfangreich, groß.
couvrir decken; pour — zur Begleichung, (Ausgleichung, Deckung), zum Ausgleich.

### Brief 24.

demande *f.* de renseignements *m.* Erkundigungsschreiben.
reconnaissant-e dankbar, zu Dank verpflichtet.
fournir des renseignements *m.* Auskunft erteilen (geben).

### Brief 25.

de ce jour von heute, heutig.
s'agir de sich handeln um, betreffend.
jouir de genießen, sich erfreuen.
sur notre place am hiesigen Platz.
mériter verdienen.
traiter avec in Verkehr (Verbindung) treten.
à titre confidentiel vertraulich.
sans garantie ohne Gewähr (Obligo).
user de Gebrauch machen, verwenden.
avec discrétion *f.* mit Um-, Vor-sicht, rücksichtsvoll.

### Brief 26.

faire une commande einen Auftrag erteilen (geben).
conditions *f.* de règlement *m.* Zahlungsbedingungen.
conditions *f.* de livraison *f.* Lieferungsbedingungen.
préciser genau feststellen, angeben.
être certain-e versichert (überzeugt) sein.
se faire un devoir es sich zur Pflicht machen, bemüht sein.
entier-ère voll (vollsten).

### Brief 27.

s'élever sich belaufen, betragen.
constamment dévoué-e à vos ordres stets gern (zu) Ihren Diensten (gewidmet).

### Brief 28.

traite *f.* à l'acceptation *f.* Tratte zur Annahme (zum Akzept).
disposer (tirer, fournir) sur entnehmen, abgeben, ziehen auf.
en ma traite ci jointe den beiliegenden Wechsel (Tratte, Papier).
revêtir de versehen mit.
acceptation *f.* (signature *f.*) Annahme, Unterschrift, Annahmevermerk, Akzept.
revêtu-e de votre acceptation *f.* vollzogen.
O. ordre vgl. Seite 39.

### Brief 29.

traite acceptée *f.* Akzept, akzeptierter Wechsel.
sous pli *m.* recommandé eingeschrieben.
passer écriture buchen (Buchung übertragen).
de conformité *f.* (conforme) gleichlautend.

### Brief 30.

Herrenstoffe étoffes *f.* pour messieurs.
umgehend par le retour du courrier.
äußerst dernier-ère.
Lieferfrist angeben indiquer (faire connaître) le délai de livraison *f.*
entsprechen être conforme (pareil-le, semblable) à.
beanspruchen falloir, être nécessaire à, avoir besoin de.

### Brief 31.

mit gleicher Post par le (ce) même courrier *m.*
Auswahl choix *m.*, assortiment *m.*, collection *f.*
Herrenanzug habit *m.* (vêtement *m.*) d'homme.
reinwollen pure laine *f.*
ungefähr à peu près.
übersandt envoyé-e.
liefern können pouvoir livrer.
in, innerhalb dans, au bout *m.* de; valeur à.
bürgen répondre de, (se porter garant *m.*, — — caution *f.*) de.
echte Farbe bon teint *m.*
Frankozusendung franco, (en) port *m.* payé.
Bahnhof dort (rendu-e) en gare de v/v.
netto net, sans escompte *m.*
gegen Dreimonatsakzept contre traite acceptée à 90 jours (de date).

### Brief 32.

wert (honorée, estimée) bleibt am besten unübersetzt.
Mustersendung échantillons *m. pl.*
ersuchen prier de; vouloir (bien).
sobald als möglich au plus tôt.
verzeichnen indiquer, spécifier.
entnehmen se couvrir de.
zufrieden sein avoir lieu *m.* d'être satisfait-e.

### Brief 33.

Erkundigungsschreiben demande *f.* de renseignements *m.*
soeben à l'instant même.
zugehen lassen adresser, envoyer.
Zettel fiche *f.*, bulletin *m.*
genannt dont le nom figure sur.
ein größerer Auftrag une commande assez forte.
völlig unbekannt absolument inconnu-e.
sehr verpflichten obliger beaucoup.
genaue Auskunft renseignements *m.* détaillés.
Ruf moralité *f.*, loyauté *f.*, renom *m.*, réputation *f.*
Zahlungsfähigkeit solvabilité *f.*
für Bemühung danken remercier de la peine.
zu Gegendiensten bereit sein prier de disposer des services de.

### Brief 34.

günstig favorable.
die bewußte Firma la dite maison, — — en question *f.*, — — dont il s'agit.
sich guten Rufes erfreuen être bien renommé-e.

Vertrauen genießen posséder la confiance.
ohne Gewähr sans garantie *f*.

**Brief 35.**

mit größter Sorgfalt ausführen exécuter avec tous les soins possibles.
abgehen partir, être expédié-e, être mis-e en gare.

**Brief 36.**

Rechnung erteilen über remettre facture à.
Betrag = s'élever à.
fernere Aufträge ordres *m*. ultérieurs.
gern entgegensehen attendre avec plaisir.
in Aussicht stellen faire espérer.
bemüht sein avoir à cœur, faire tous ses efforts *m*.
Vertrauen schenken accorder la confiance à qn., honorer qn. de sa confiance.
beiliegend, anbei à l'annexe *f*., ci joint-e, ci inclus-e.

**Brief 37.**

sich erlauben, prendre la liberté *f*., se permettre.
zum Ausgleich pour se couvrir, en couverture *f*. de, pour solde *m* de.
entnehmen fournir (tirer, disposer) sur.

**Brief 38.**

eingeschrieben sous pli recommandé.
mit meiner Unterschrift revêtu-e de (mon acceptation *f*.) ma signature *f*.
erkennen für me créditer de, porter an crédit de mon compte.

**Brief 39.**

de soie pure reinseiden.
haute nouveauté neueste Mode.
foulard *m*. Foulardseite.
damas *m*. Seidendamast.
satin *m*. Atlas.
suffisamment approvisionné-e. über genügend große Vorräte verfügen, gedeckt (versehen) sein.
saison *f*. Geschäftszeit, Saison.
être disposé-e à bereit, (nicht abgeneigt) sein.
augmenter le stock die Bestände (das Lager) zu vergrößern.
trouver avantage *m*. seinen Vorteil finden.
le plus bas niedrigst, billigst, äußerst.

**Brief 40.**

tissu *m*. Gewebe, Stoff.
en vogue in Aufnahme (beliebt, gesucht) sein.
transaction *f*. Geschäft, Umsatz, Abschluß.
actif-ve lebhaft.
courant-e gangbar.
subir une hausse eine Preis-steigerung (-erhöhung) erfahren.
prononcé-e ausgesprochen, beträchtlich.
faire remise *f*. Nachlaß (Rabatt) gewähren.
tarif *m*. Preisliste, Katalog.
modicité *f*. de prix Billigkeit, mäßiger Preis.
donner la certitude mit Sicherheit (Gewißheit) rechnen (zählen) lassen auf.
accorder la faveur de beehren.

**Brief 41.**

il me faut ich brauche, muß haben, muß im Besitz sein.
au bas de unten, nachstehend.
foulard *m*. imprimé bedruckte Foulardseide.
damas *m*. couleur bunter Damast.
satin *m*. rose rosa Atlas.

**Brief 42.**

prolongation *f*. Verlängerung.
malgré tout notre désir *m*. trotz unseres lebhaften Wunsches.
être agréable gefällig sein, entgegenkommen.
dessin *m*. Muster, Zeichnung.
être recherché-e gesucht sein.
teinturier *m*. Färber.

suffire à genügen, imstande sein, auszuführen.
faire en sorte es so einrichten.
maintenir un ordre einen Auftrag aufrecht erhalten (bestätigen).

**Brief 43.**

révocation *f.* Widerruf, Zurücknahme, Abbestellung.
se rapporter à sich beziehen auf.
disponible vorrätig, versandbereit, auf Lager.
rester pour compte liegen, auf Lager bleiben, unverkäuflich sein.
révoquer widerrufen, zurücknehmen, abbestellen.
être bien au regret es lebhaft bedauern.
déranger pour rien umsonst bemühen.
il y a de ma faute die Schuld liegt an mir, ich bin schuld.

**Brief 44.**

Seidenstoffe soieries *f.* pl.
Stoff étoffe *f.*
Gewebe tissu *m.*
aufmerksam machen donner l'adresse de, parler de.
Bedarf haben falloir, avoir besoin de.
bunt de couleur *f.*
angenehm sein être obligé-e, — reconnaissant-e.
von... aufwärts à partir de.
gern volontiers, s'empresser de.
über u/Firma à n/sujet, concernant n/maison.
der Rückäußerung entgegensehen dans l'attente (du plaisir) de vous lire.

**Brief 45.**

Auswahl choix *m.*, assortiment *m.*, collection *f.*
Neuheit nouveauté *f.*
beliebt recherché-e, en vogue.
gestreift rayé-e.
gemustert chiné-e, imprimé-e.
Preissteigerung hausse *f.*, augmentation *f.* de prix.
veranlassen causer, occasionner; engager.
lebhafte Nachfrage vive demande *f.*
auf u/Fabrikpreise sur n/tarif, — — prix de catalogue.
Entgegenkommen concession *f.*, offre avantageuse.
mit Aufträgen beehren accorder la préférence (la faveur) des ordres.

**Brief 46.**

die übersandten Proben les échantillons que vous avez envoyés.
sobald wie möglich sans retard.
zugehen lassen faire parvenir.
ausdrücklich bemerken prendre bonne note.
in unseren Händen sein muß il nous faut.
bis spätestens Ende d. M. fin courant an plus tard.
pünktlicher Erledigung gern entgegensehen compter sur votre promptitude *f.*
bedruckter Foulard foulard *m.* imprimé.
farbiger Damast damas *m.* de couleur.
rosa Atlas satin *m.* rose.

**Brief 47.**

Verlängerung prolongation *f.*
leider à notre (grand) regret *m.*
da gerade vu que.
sich lebhafter Nachfrage erfreuen être très recherché-e.
bestimmt hoffen compter sûrement.
Frist gewähren accorder un ajournement.
gern gewärtig en attendant.
Zustimmung acquièscement *m.*

**Brief 48.**

Abbestellung révocation de l'ordre.
sehr erstaunt sein être fort surpris-e.
in Auftrag geben commander, demander.
sofort liefern livrer sans retard.
auf Lager bleiben rester pour compte *m.*
sich gezwungen sehen être obligé-e.

zu unserem Bedauern à notre regret.
zurückziehen révoquer, annuler.
vergeblich bemühen déranger pour rien.
die Schuld liegt an mir il y a de ma faute.

### Brief 49.

toile *f.* (de lin) Leinwand.
avis *m.* de passage *m.* Besuchsanzeige.
prévenir anzeigen, melden.
faire sa visite seine Aufwartung machen.
sous peu demnächst, binnen kurzem.
réserver (la faveur d') un ordre Auftrag (gütigst) aufsparen (zurückhalten).
exécuter à l'entière satisfaction zur vollsten Zufriedenheit ausführen.

### Brief 50.

transmettre übermitteln.
avoir bien reçu richtig erhalten haben.
obtenir des renseignements *m.* Erkundigungen einziehen (erlangen).
être rassurant-e beruhigend lauten.
intégral-e;-ment unverkürzt, ohne Abzug, glatt.
tournée *f.* Reise, Rundreise, continuer sa — weiterreisen.
adresser le prochain courrier die nächste Post schicken.
taie *f.* Überzug.
oreiller *m.* Kopfkissen.
pur fil *m.* reiner Faden, reinleinen.
volant *m.* Besatz.
guirlande *f.* Stickereibesatz.
drap *m.* de lit *m.* Bettuch.
à mon prochain passage bei meinem nächsten Besuch.

### Brief 51.

commander par le voyageur dem Reisenden in Auftrag geben.

### Brief 52.

communication *f.* Mitteilung.
à partir du 10 vom 10. ab.

### Brief 53.

réclamation *f.* Beschwerde, Mängelrüge.
constater feststellen, bemerken, finden.
au lieu de statt.
sans doute *m.* ohne Zweifel, sicherlich.
inexactitude *f.* Ungenauigkeit, Nachlässigkeit, Versehen.
examiner prüfen, untersuchen.
réparer wieder gut machen.

### Brief 54.

par suite de infolge, durch.
négligence *f.* Nachlässigkeit.
employé *m.* Angestellter, Gehilfe.
manquer fehlen.
présenter (toutes) ses excuses *f.* (dringend, höflichst) um Entschuldigung bitten.
involontaire unbeabsichtigt, unfreiwillig.

### Brief 55.

Leinenwaren toiles *f.* (de lin).
Besuchsanzeige avis *m.* de passage *m.*
Datum des Poststempels date *f.* de la poste *f.*
seine Aufwartung machen rendre visite, se présenter chez.
in den nächsten Tagen ces jours ci, très prochainement.
vorlegen soumettre.
(bei Bedarf) berücksichtigen réserver vos ordres *m.*
zusichern prier de croire que.
sorgfältige Ausführung effectuer (exécuter) avec soin *m.*

### Brief 56.

Auftragsübermittelung ordre transmis *m.*
bitten lassen vous fait prier.
günstig lauten être favorable.
glatt bezahlen payer (régler) intégralement.

Post-(sendung) courrier *m.*
erbitte mir veuillez m'adresser.
Küchenhandtuch essuie mains *m.* (pour la cuisine).
Drellhandtuch essuie mains *m.* treillis *m.*
Taschentuch mouchoir *m.*
Batisttaschentuch mouchoir batiste *m.*

**Brief 57.**

Brief mit Rechnung lettre facture *f.*
verbindlichst danken remercier bien, être infiniment obligé-e de.
erteilt durch transmis-e par.
hoffentlich nous l'espérons.
Beifall finden être à la satisfaction de, être satisfait-e de.
nach Prüfung après vérification *f.*

**Brief 58.**

aufgabegemäß conformément à vos instructions *f.*
erledigen exécuter, effectuer.
die nächste Post votre prochain courrier *m.*
Bahnhofshotel hôtel *m.* de la gare.

**Brief 59.**

Beschwerde réclamation *f.*
anzeigen annoncer, donner avis *m.* de; nicht aviser.
bei der Prüfung en vérifiant.
finden trouver, constater.
in Rechnung gestellt mis-e en compte *m.*
fehlen manquer.
die Sache untersuchen examiner l'affaire *f.*, faire les recherches *f.* nécessaires.
berichten informer du résultat.

**Brief 60.**

Bitte um Entschuldigung lettre *f.* d'excuse *f.*
infolge eines Versehens par suite d'une erreur.
gewünscht demandé-e, commandé-e.
fehlenden qui manquent.
entschuldigen zu wollen vouloir bien excuser.

**Brief 61.**

commissionnaire *m.* Kommissionär, Vermittler.
sous les auspices *m.* gestützt auf Empfehlung.
placement *m.* Verkauf, Vertrieb.
expérience *f.* des affaires *f.* Geschäftserfahrung.
relation *f.* Beziehung, Verbindung.
premier-ère angesehen, bedeutend.
de gros *m.* Groß-.
de détail *m.* Klein-.
sur notre place hier, am hiesigen Platz.
garantir le succès für den Erfolg bürgen.
démarche *f.* Schritt, Maßregel.
seconder les efforts *m.* die Bemühungen unterstützen (fördern).
équitable mäßig, entsprechend.
commission *f.* Provision.
frais *m.* de correspondance *f.* Auslagen für Briefwechsel.

**Brief 62.**

demande *f.* de renseignements *m.* Erkundigungsschreiben.
se référer à sich beziehen auf.
vendeur *m.* Verkaufs-.
être obligé-e dankbar (zu Dank verpflichtet) sein.
dire notamment insbesondere mitteilen.
relations *f.* d'affaires *f.* Geschäftsverbindungen.
confier anvertrauen, übertragen.
espoir *m.* de succès *m.* Aussicht auf Erfolg.
donner de la peine Mühe verursachen.
obligeance *f.* Güte, Gefälligkeit.
disposer de verfügen über.

**Brief 63.**

ne savoir assez recommander nur bestens empfehlen können.
actif-ve tätig, fleißig, energisch.
intelligent-e klug, umsichtig, geschickt.
prudent-e vorsichtig.

être bien vu de gern gesehen, beliebt.
clientèle *f.* Kundschaft.
faire tout son possible alles daran setzen.
débouché *m.* Absatz.
ample umfassend, weitere.

### Brief 64.

proposition *f.* Vorschlag.
allouer gewähren, bewilligen.
outre außer.
chiffre total *m.* Gesamtbetrag.
excepter ausnehmen.
traiter des affaires Geschäfte abschließen.
faire des achats *m.* Einkäufe machen.
frais *m.* d'installation *f.* Einrichtungskosten.
tel-le so, so hoch, kostet soviel.
foire *f.* Messe, Jahrmarkt.
supporter vertragen, dulden.
augmentation *f.* Mehrbelastung.
réduire mindern, ermäßigen.
être d'accord *m.* einverstanden sein.

### Brief 65.

représentation *f.* Vertretung.
affaire *f.* conclue directement unmittelbar (persönlich) abgeschlossenes Geschäft.
débours *m.* Vorschüsse, Barauslagen.
frais *m.* de bureau *m.* kleine Auslagen.
bordereau *m.* Aufstellung, Verzeichnis.
note *f.* de commission *f.* Provisionsrechnung.
en port *m.* dû unfrankiert.
commissionnaire *m.* de transports *m.* Spediteur.
formalités *f.* en douane *f.* Zollabfertigung.
réexpédition *f.* Weiterbeförderung.
par l'entremise *f.* de durch (Vermittlung von).
mouton *m.* (recouvert de) peau *f.* Schaf mit Fell (überzogen).
sur roulettes *f.* auf Räderchen.
animal-aux *m.* Tier-e.
assortir zusammenstellen, auswählen, sichten, sortieren.
tête *f.* mobile mit beweglichem Kopfe.
arche *f.* de Noë Arche Noah.
garnir ausstatten, füllen.
vernir ölen, lackieren.
bateau *m.* Schiff.
mécanique mechanisch, beweglich.
à clef mit Schlüssel (zum Aufziehen).
aimanter magnetisch machen.
pris en gare expéditrice ab Versandbahnhof.

### Brief 66.

marque *f.* Zeichen, Signum.
espèce *f.* Art, Gattung, Verpackung.
contenu *m.* Inhalt.
pour l'exportation *f.* zur Ausfuhr.
exemption *f.* des droits *m.* Zollbefreiung, nicht zollpflichtig.
entreé *f.* Einfuhr.
sortie *f.* Ausfuhr.
dispenser de befreien von.
déclaration *f.* prescrite vorschriftsmäßige Erklärung.
sous peine *f.* d'amende *f.* bei Geldstrafe.
à défaut *m.* de in Ermangelung.
fausse déclaration unrichtige (falsche) Angabe.

### Brief 67.

commettant *m.* Auftraggeber.
successeur *m.* Nachfolger.
jouet *m.* Spielzeug.
faire le nécessaire das Erforderliche veranlassen.
à ce sujet in dieser Beziehung.

### Brief 68.

réexpédition *f.* Weiterbeförderung.
d'ordre *m.* et pour compte *m.* im Auftrag und für Rechnung.
s'élevant à in Höhe, im Betrage.
passer écriture *f.* conforme gleichlautend buchen.

### Brief 70.

réexpédier weiterbefördern, abfertigen.

porter avis de anzeigen, melden, avisieren.

**Brief 72.**

relevé *m.* de compte *m.* Rechnungsauszug; vgl. Seite 32.
faire vos observations *f.* Einwendungen (Ausstellungen, Wünsche) bekannt geben.

**Brief 77.**

arrêté *m.* de compte *m.* Rechnungsabschluß.
bordereau *m.* de débours *m.* Spesenaufstellung, Verzeichnis der Barauslagen.
arrêter fin juin am 30. Juni abschließen.

**Brief 79.**

Blumenvase vase *m.* à fleurs *f.*
Fruchtschale coupe *f.* à fruits *m.*
Kommissionär commissionnaire *m.*
geneigt sein être prêt-e (disposé-e) à.
übertragen confier, conférer, charger de.
Erzeugnis produit *m.*
als Reisender tätig gewesen sein avoir été voyageur *m.*
große Firma maison importante *f.*
Ihre Artikel führen vendre (s'occuper de) vos articles *m.*
deshalb c'est (voilà) pourquoi.
gut eingeführt sein connaître bien, avoir de bonnes relations.
bei parmi, auprès de.
Abnehmer acheteur *m.*, client *m.*
daher donc.
in Aussicht stellen können pouvoir garantir (promettre).
bedeutender Absatz débit *m.* considérable.
meine Bemühungen unterstützen seconder mes efforts *m.*
billig modique, équitable.
meinem Antrag stattgeben utiliser (profiter de, faire usage de) mon offre *f.*
berechnen compter, prier d'allouer.
Provision commission *f.*
Auftrag commande *f.*, ordre *m.*
neu zugeführte Kunden nouveaux clients *m.*
bereits in Geschäftsverbindung stehen être déjà en relations.
Barauslagen débours *m.*
Ferngespräch conversation *f.* téléphonique.
zu Ihren Lasten gehen être à votre débit *m.*, — à votre charge *f.*
in der Lage sein être à même.
jede gewünschte Auskunft tous les renseignements désirables.

**Brief 80.**

Bitte um Auskunft demande *f.*, de renseignements *m.*
als comme, de, en qualité de.
Verkäufer commissionnaire vendeur *m.*
Dienst erweisen obliger, rendre service *m.*
mitteilen dire, communiquer, informer.
der Genannte ce monsieur.
empfehlen recommander.
Gefälligkeit obligeance, *f.*, complaisance.
zur Verfügung stehen se tenir à la disposition de, prier de disposer de.

**Brief 81.**

in umgehender Erledigung s'empresser de répondre à.
ergebenst mitteilen avoir l'honneur *m.* de vous dire.
wohlbekannt sein être bien (avantageusement) connu-e, bien connaître.
bestens empfehlen können ne savoir assez recommander.
tätig actif-ve.
umsichtig intelligent-e, prudent-e.
gut eingeführt sein être bien vu, avoir de bonnes relations.
Kaufmannschaft commerce *m.*
wohl angesehen sein jouir d'une excellente réputation *f.*
weitere Auskunft wünschen désirer des informations *f.* plus amples.

**Brief 82.**

Vorschlag proposition *f.*
im Norden au nord de la France.

vertreten sein durch M... est chargé de notre représentation (de nous représenter).
mit dessen Diensten durchaus zufrieden sein n'avoir qu'à se louer des services de.
zurzeit pour le moment, quant à présent.
einen Wechsel (verneinend) eintreten lassen d'y rien changer.
die geforderte Provision gewähren allouer la commission demandée.
eingehen rentrer, payer, verser.
einverstanden sein n'avoir rien à objecter à.
halbjährliche Abrechnung règlement *m.* sémestriel.
Barauslage wie üblich zurückerstatten rembourser les menus frais de bureau usuels.
unter Kreuzband sous bande *f.*
für den Fall Ihrer Zusage si ces conditions vous conviennent.
auf tatkräftige Unterstützung rechnen compter sur l'activité *f.* de.

### Brief 83.

aus Ihrem Briefe ersehen voir (apprendre) par votre lettre *f.*
einen geeigneten Vertreter besitzen être convenablement représenté-e.
die Vertretung beschränkt sich la représentation est limitée.
gleichwohl pourtant, néanmoins.
guter Absatz un chiffre d'affaires assez rond.
in sichere Aussicht stellen garantir, promettre.
sich deshalb damit einverstanden erklären il est donc convenu que.
meine Tätigkeit erstreckt sich zunächst mon activité s'étendra d'abord.
Abrechnung zuschicken faire tenir l'arrêté *m.* de compte *m.*
verwerten utiliser.
den Auftrag erledigen faire exécuter l'ordre.
Blumenhalter porte bouquets *m.*

### Brief 84.

Speditionsauftrag bordereau *m.* d'expédition *f.*
Güter colis *m.*, marchandises *f.*
Metallwaren jouets *m.* en fer *m.*
zur Ausfuhr pour l'exportation *f.*
den Wert angeben déclarer la valeur.
unbedingt absolument, sans faute *f.*
nicht zollpflichtig sein être exempt-e des droits d'entrée.
unvollständig défectueux-se, à défaut de.
falsch faux-sse.
gesetzlich bestraft werden sous peine *f.* d'amende *f.*

### Brief 85.

Versandanzeige avis *m.* d'expédition *f.*
bestens ausführen effectuer avec le plus grand soin.
zur Beförderung übergeben pour être expédié-e.
unfrankiert en port dû.
gezeichnet sein être marqué-e.
das Erforderliche veranlassen faire le nécessaire.

### Brief 86.

Weitergabe réexpédition *f.*
im Auftrage par ordre *m.* de.
mündlich bestellen commander de vive voix.

### Brief 90.

Rechnungsauszug relevé *m.* de compte *m.*
für gelieferte Waren notre facture (pour livraison de marchandises).
vorstehenden Betrag le montant ci dessus.
zum Tageskurs au cours du jour.

### Brief 96.

richtig befinden trouver exact, trouver juste.
die Ihnen zustehenden vos.
Gegenwert contrevaleur *f.*
zum Kurs au cours de, au change de.

FSC
www.fsc.org
MIX
Papier | Fördert
gute Waldnutzung
FSC® C083411

Kolibri 360 GmbH
Ferdinand-Jühlke-Straße 7
99095 Erfurt, Deutschland
produktsicherheit@kolibri360.de